高齢者

Care
Stress
Counselor

ケアストレスカウンセラー
〈公式テキスト〉

厚生労働省認可法人
財団法人 職業技能振興会 監修

はじめに

　いわゆる「団塊の世代」と呼ばれる世代が65歳に達し、4人に1人以上が65歳以上の高齢者という社会がやってきました。

　平均寿命こそ男女共に80歳を超えており、世界一の長寿国となっていますが、日常生活に制限のない期間である健康寿命に着目してみると、男女共に70歳代の前半にとどまり、高齢期の10年近くは、医療や介護をはじめ、なんらかの「お世話」を受けなければ日常生活を満足に送ることができないのが現実です。75歳以上になると要介護認定を受ける割合が大きく上昇することが、それを裏付けています。

　介護は、する側にもされる側にも大きなストレス要因となります。「介護疲れ」に端を発する事件や事故が連日のように報道されています。ちょっとした「気づき」と「思いやり」があれば防げたものもあるでしょう。

　介護する側もされる側も「できないこと」ばかりを指摘したり、失敗を叱責したり反省したりするばかりでは、負の悪循環に陥ってしまいます。

　これからは、高齢者本人の「できること」を一緒に探しながら、その能力を維持して、本人が望む生活が実現できるようサポートする視点・姿勢が求められます。

　「高齢者ケアストレスカウンセラー」は、「高齢者が尊厳を持って暮らせるようにサポートする」ことを目的とした資格です。

　本書で学ぶことで皆様の生活が充実し、またカウンセラーとして活躍するための様々な学習を重ねていく契機となることを、心よりお祈り申し上げます。

厚生労働省認可法人　財団法人職業技能振興会
理事長　兵頭大輔

高齢者ケアストレスカウンセラー ◆ 目次

Part1 高齢者とストレス

Step1 "老い"とストレス

- **Step1-1** 良いストレス悪いストレス ……… 12
- **Step1-2** ストレスが引き起こす心身の不調 ……… 18
- **Step1-3** 心身症の診断と治療 ……… 22
- **Step1-4** ストレスへの気づきと心身症予防 ……… 27

Part2 ストレスに強くなる

Step1 ストレスと上手につきあう方法

- **Step1-1** 高齢者のストレスを分析する ……… 40
- **Step1-2** 高齢者を取り巻く環境を分析する ……… 44
- **Step1-3** 考え方を変えるためのヒント ……… 54
- **Step1-4** ストレスに直面したときの対処方法 ……… 58

Step2 ライフスタイルを見直してストレスに強くなる

- **Step2-1** 高齢者と家族のライフカルテを作成する ……… 70
- **Step2-2** 1週間の生活リズムとバランスをチェックする ……… 77
- **Step2-3** 高齢者と家族の生活スタイルを見直す ……… 83
- **Step2-4** ストレス・マネジメント・チェック ……… 88

Part3 高齢期におけるコミュニケーション

Step1 高齢者の人生経験と老化に配慮した人間関係の構築

- Step1-1 高齢期の特徴とコミュニケーション ……… 100
- Step1-2 高齢者の話を積極的に聴くためのテクニック … 104
- Step1-3 高齢者の話を引き出し、整理するためのテクニック … 108
- Step1-4 疎外感を感じさせない会話のためのヒント ……… 112

Step2 上手な自己主張のススメ

- Step2-1 自己表現の3つのタイプ ……… 122
- Step2-2 高齢者のためのアサーション・トレーニング … 126
- Step2-3 主張の内容によるアサーションの種類 ……… 132
- Step2-4 得意な主張苦手な主張をチェック ……… 136

Part4 自宅でできるリラクゼーション

Step1 リラクゼーションの効果

- Step1-1 ストレスにはリラックス・リラックス ……… 148
- Step1-2 リラックス状態とは ……… 152
- Step1-3 効果的なリラクゼーション ……… 156
- Step1-4 その場でできるリラクゼーション法 ……… 159

Step2 さまざまなリラクゼーション法

- **Step2-1** 自律訓練法 …… 170
- **Step2-2** 漸進的筋弛緩法 …… 175
- **Step2-3** イメージ・トレーニング法 …… 179
- **Step2-4** ストレッチ体操 …… 182

Part5 老いの心理と高齢者ケアの現状

Step1 高齢期に特徴的な心理

- **Step1-1** 人生の完結期における課題 …… 198
- **Step1-2** 老いと心身の変化 …… 202
- **Step1-3** 老いへの適応 …… 206
- **Step1-4** 高齢期にかかりやすい身体疾患 …… 214

Step2 高齢者ケアの現状

- **Step2-1** 超高齢社会の中での高齢者ケア …… 226
- **Step2-2** 高齢者ケアの基本原則 …… 231
- **Step2-3** 高齢者が在宅生活を続けていくために …… 236
- **Step2-4** 高齢者を介護する家族への配慮 …… 241

Part6 起こり得る高齢者と家族の心の病とその予防

Step1 さまざまなメンタル疾患への対応

- Step1-1　強迫性障害 …… 254
- Step1-2　PTSD …… 258
- Step1-3　アルコール依存症 …… 262
- Step1-4　統合失調症 …… 266

Step2 高齢者のメンタル疾患への対応

- Step2-1　認知症 …… 276
- Step2-2　高齢者の睡眠障害 …… 281
- Step2-3　高齢者のうつ病 …… 286
- Step2-4　高齢者の自殺 …… 291

図表作成　横内俊彦
ブックデザイン・イラスト　土屋和泉

Part1

高齢者とストレス

Step 1

"老い"とストレス

　ストレスは心と身体にさまざまな影響を及ぼします。"老いていくこと"それ自体がストレスです。"老い"をストレスとして認識し、正面から受け入れることが、高齢期の心身の健康のために重要です。

ストレスとは

　"介護ストレス"という言葉をニュースなどでよく耳にしますが、そもそも"ストレス"とは何をいうのでしょうか。
　ストレス（stress）とは、もともとは**物理学**の用語であり、外部から力が加えられたときに生じる"歪み"のことをいいます。これを、カナダの生理学者であるハンス・セリエが、生物や医学の領域に導入して一般化されました。
　ストレスとは、外部からの刺激によって引き起こされる生体側の歪みです。外部から何らかの刺激が与えられると、生体の恒常性（ホメオスタシス）が乱れ、防御反応を引き起こします。この生体反応が、ストレスです。

ストレッサーとストレス反応

　ストレスを引き起こす外部からの刺激を、**ストレッサー**（stressor）といいます。ストレッサーによって引き起こされる生体反応を、ストレスあるいは**ストレス反応**と呼びます。
　生体には、ストレスから身を守り、ホメオスタシスを維持しようとする働きが備わっています。ストレスの種類にかかわらず、類似した反応を示します。
　この防御反応は、次の3段階に分類されます。

1	警告反応期	ストレッサーから生体を防御しようと、一連の反応・機能が働く
2	抵抗期	ストレッサーに対して、積極的に抵抗し、適応しようとする
3	疲憊期(ひはいき)	ストレッサーにさらされ続けた結果、生体の抵抗能力が消耗してしまう

ストレッサーの種類

　大きく、物理化学的ストレッサー、生物的ストレッサー、心理社会的ストレッサーに分類することができます。

物理化学的ストレッサー	気温、気圧、天候、騒音、振動、有害物質など環境による刺激
生物的ストレッサー	病気、ケガ、疲労、睡眠不足、栄養不足など生体に直接生じる
心理社会的ストレッサー	精神的苦痛、怒り、不安、人間関係、プレッシャーなど

　これらのストレッサーは別々に作用するのではなく、密接に、複雑に関連して、ストレス反応を引き起こしているといえます。
　高齢期では、"老い"による身体機能の衰えや不調に加え、退職や子どもの独立など、社会的役割が変化したり、配偶者や親しい人との死別などを経験したり、**ライフスタイルに大きな変化**が生じます。それらがストレッサーとなると同時に、さまざまな機能の低下や環境の変化が、ストレスへの抵抗力や免疫力を弱めます。
　"老い" はゆっくりと心身に負担を与え続け、自分でも気づかないうちに、ストレスに蝕まれているということもあり得ます。
　また、高齢者は、**ストレスからの回復**が、子どもや働く世代と比べて遅れがちである、という点にも留意して対応する必要があります。

Step 1-1

良いストレス 悪いストレス

心理社会的ストレッサー

心理的あるいは社会的にストレスを与える心理社会的ストレッサーは、次のように分類することもできます。

人間関係での問題	親子関係、家族関係、友人関係など
役割上の問題	役割負担、能力と役割、役割喪失など
欲求の阻害	食欲の阻害、支配欲の阻害など
環境の問題	環境の変化など

高齢期は、これまで果たしてきた社会的役割が大きく変化したり、死別や離別も含めて、周囲の人間関係が変化したり希薄になったりします。**社会的環境の変化**から、喪失感や疎外感、孤独感に襲われ、大きなストレスとなることも多いといえます。

ストレス＝悪いもの？

「ストレス＝悪いもの」ということではありません。そもそも、ストレスをまったくなくしてしまうということは不可能です。ストレスは、**その内容と程度**が問題となります。

ストレスがない状態が逆にストレスとなることもあります。たとえば、定年退職して、毎日、満員電車に乗らなくてもよくなり、残業に追われることがなくなり、職場の煩わしい人間関係からも解放されたことでストレスがなくなるかというと、逆に、毎日、時間を持て余して、それがストレスとなってしまうこともあります。

また、身体に配慮して、"**安静**"を求めることがストレスを生むこともあります。たとえば、重いものを持ったり、家事をしたりすることを、「危ないから」と代わりに若い人が行ってしまうことは、「まだまだ若い者には負けていない」という心の元気な高齢者にとってはストレスにしかなりません。

　過剰なストレスは、心身に悪い影響を与えますが、私たちには、"**適度なストレス**"が必要なのです。

"良いストレス"と"悪いストレス"

　ストレスは、心身への負荷であると同時に、負荷に耐える力をもたらしてくれます。適度なストレスを受け、それに対応・対抗することを繰り返すことで、心身が鍛えられます。加齢によりストレスに耐える力が衰えてくる高齢者には、"適度な良いストレス"を受けて、抵抗力や免疫力が低下しないよう、普段から鍛えることが必要であるといえるでしょう。

　では、"良いストレス"と"悪いストレス"の違いは何でしょうか。

　1人暮らしの高齢者を例に考えてみましょう。何でも自分でやらなければいけないという点で、1人暮らしは、ストレスです。

　転倒してケガをしたり、風邪を引いて寝込んでしまわないよう気をつけながらも、家事をしたり身のまわりのことをしたり、「まだまだ充分できる」と張りのある生活ができていれば、それは"良いストレス"だといえます。

　逆に、「ケガをしたらどうしよう」「寝込んでしまったらどうしよう」と心配や不安を抱えて日々を過ごし、"ひきこもり"のような状態になってしまうのであれば、それは"悪いストレス"ということです。

　つまり、結果的に、抵抗力や適応力など、**力を増してくれたもの**が"良いストレス"で、**力を低下させてしまうもの**が"悪いストレス"だ

ということです。

"悪いストレス"にしてしまわないように

　同じストレスでも捉えかたによって良い方にも悪い方にもなることは、先の例で述べた通りです。高齢者の身を案じるあまり、**必要以上に安静を懇願したり、役割を取り上げたり**して、まわりが、"悪いストレス"にしてしまわないよう配慮することも必要です。

　高齢者にとって、どういった状況が負担となるのか、見極め、"良いストレス"にしていくことが重要です。

さまざまなライフイベントにおけるストレス度

　アメリカの精神科医であるホルムスとレイは、さまざまな人生のできごとが、どのくらいのストレスとなるか、その度合いを点数化しました。これは**社会的再適応評価尺度**（SRRS）と呼ばれ、個人のストレッサーの強さの指標として用いられています。

　高齢期に遭遇しやすい主なできごとでは、次のとおりです。

できごと	点数
配偶者の死	100
離婚	73
近親者の死	63
ケガや病気	53
退職	45
家族の健康上の変化	44
経済上の変化	38
親友の死亡	37
子どもの自立	29

1人暮らし高齢者の意識

「高齢社会白書」によると、1人暮らし高齢者が日常生活に感じる不安は、「健康や病気のこと」が最も多くなっています。

日常生活の不安（複数回答）	
健康や病気のこと	58.9%
寝たきりや身体が不自由になり介護が必要な状態になること	42.6%
自然災害（地震・洪水など）	29.1%
生活のための収入のこと	18.2%
頼れる人がいなくなること	13.6%

一方で、日常のちょっとした用事については、特に子どもがいない高齢者で、「そのことで頼りたいとは思わない」が多くなっています。

ちょっとした用事を頼む人			
	そのことで頼りたいとは思わない	あてはまる人はいない	子（息子・娘）
男性　子あり	50.3%	20.2%	16.3%
男性　子なし	54.8%	32.2%	―
女性　子あり	20.5%	9.7%	46.1%
女性　子なし	30.8%	11.8%	―

"高齢者"をひとくくりにしないこと

世界保健機関（WHO）の定義や老人福祉法などでは、高齢者を**65歳以上**としていますが、35歳から64歳を対象に行った内閣府の「高齢期に向けた『備え』に関する意識調査」によると、一般的に高齢者だと思う年齢は、「**70歳以上**」が最も多くなっています。また、「75歳以上」「80歳以上」の回答は、男性より女性で高く、女性は男性よ

りも、高齢者をより高年齢に捉える傾向にあるという結果となりました。

　高齢者のイメージは、同調査によると、全体では「心身がおとろえ、健康面での不安が大きい」との回答が最も多いですが、60〜64歳の男性では、「仕事などの責任から解放されて、自由な生き方や考え方ができる」と回答した割合が、他の性・年齢層より高い結果となっています。

　高齢者に対するイメージはさまざまですし、実際その年齢になって"老い"をどう自覚し、自分が"高齢者"であることを認めるかは、**個人差も大きく、**人それぞれでしょう。

　必要以上に"**高齢者扱い**"されることがストレスになっている可能性もあるということを、心に留めておかなければなりません。

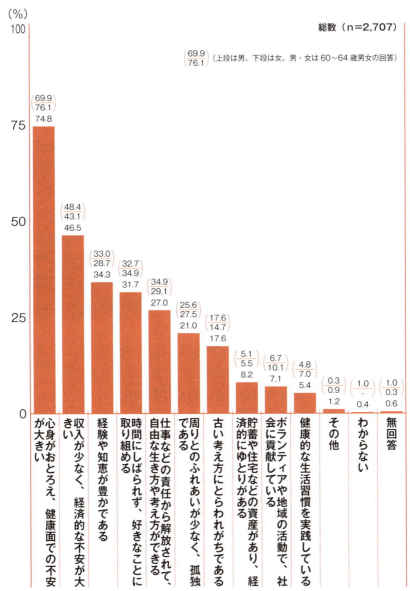

ストレスが引き起こす心身の不調

ストレス反応のしくみ

　生体に備わっているホメオスタシスの維持機能とは、主に、自律神経系、内分泌系、免疫系がバランスをとっている状態であるということができます。ストレス反応とは、ストレッサーによってこのバランスが崩れ、それを立て直そうとする反応です。特に、**視床下部 - 下垂体 - 副腎系**が重要な役割を担います。

　大まかに捉えると、ストレッサーによって視床下部が刺激されると、下垂体からホルモンを分泌させたり、さらに副腎からホルモンを分泌させたり、内分泌系や自律神経系に影響を与えます。この内分泌系と自律神経系の変化が、免疫系に影響して、さまざまなストレス反応を生じさせます。

　ストレス反応とは、ストレスに対して、「闘うか、逃げるか」といった差し迫った事態に対応するためのものであるといえます。

　加齢に伴って、**生体防御の働きは鈍くなる傾向**にあり、ストレスからの回復が若い頃に比べて遅れがちになります。病気にもかかりやすく、ちょっとした風邪でも寝込むようになったりしてしまいます。

ストレスによる症状

　ストレスにより、身体面や精神・心理面にさまざまな症状がみられます。

身体	動悸、息苦しさ、手足のしびれ、のぼせ、頭痛、肩こり、倦怠感、疲労感など
精神・心理面	緊張感、イライラ、不安感、焦燥感、抑うつ感、無気力、意欲低下、情緒不安定など

　特に高齢者では、適度の域を超えた過度なストレス、ストレスがないというストレス、単純なストレスの繰り返しなどの過剰なストレスは、心身のバランスを崩すマイナス要因として作用し、**生命を守るシステムの崩壊**を招くことになりかねません。

高齢者の症状の訴え

　ストレスによる症状は、高齢者でも基本的には変わりません。しかし、高齢者は、こうした症状を「**気持ちの問題**」として、積極的に第三者に訴えることなく、がまんしてしまうことも多いようです。

　初期段階での対応が遅れると、回復が遅れたり、症状が悪化したり、悪循環に陥ってしまいます。

　ストレスによる症状は、言動だけでなく、食欲や睡眠など日常生活にも反映されるので、細かく観察して、変化に気づくことが重要です。

ストレスと病気

　ストレッサーの作用が強かったり、ストレス状態が長く続くと、ホメオスタシスが維持できなくなり、さまざまな障害が生じます。

　ストレスの身体反応が具体的に疾患となったものが、**心身症**です。心身症とは、「身体疾患の中で、その発症や経過に心理社会的因子が密接に関与し、器質的ないし機能的障害が認められる病態をいう。ただし、神経症やうつ病など、他の精神障害に伴う身体症状は除外する」と定義されています。

心身症という1つの病気ではなく、病気の起こり方や進行に**ストレスが密接に関与している身体の病気全般**の総称です。

心身症の代表的なものには、次のような病気があります。

> 胃潰瘍、十二指腸潰瘍、便秘症、神経性嘔吐、高血圧症、気管支ぜんそく、じんましん、甲状腺機能亢進症、筋緊張性頭痛、頸肩腕症候群、過換気症候群、過敏性腸症候群、円形脱毛症、メニエール症候群、耳鳴り、不眠症、更年期障害　など

自律神経失調症

　自律神経系には、**交感神経**と**副交感神経**があります。意思とは無関係に、ホメオスタシス維持のために働きます。交感神経と副交感神経は、互いに反する作用を持ち、一方が促進すると、他方が抑制され、バランスをとっています。

　加齢に伴って、バランス調整機能も低下し、狂いが生じやすくなります。

　症状として、疲労感、冷え、めまい、頭痛、動悸、息切れ、胸痛、咳、食欲不振、便秘、下痢、嘔吐、発汗、肩こり、腰痛、筋肉痛など、さまざまなものがみられます。

　ストレスによって自律神経の調整機能に狂いが生じて、さまざまな症状が現れるものを、まとめて**自律神経失調症**ということがあります。「検査をしても、その症状を裏づける所見が見いだされず、また器質的病変がないのにさまざまな不定愁訴を訴える状態」と定義されるように、症状はさまざまで、明確に診断するのは困難です。あいまいなときに便利な病名として利用されているケースも多いようです。

高齢者の症状

　高齢者の場合、身体疾患がまず、**精神症状に現れる**ことも多いです。意識障害、せん妄、幻覚妄想状態、認知症症状、うつ状態などがよくみられます。肺炎の初期症状でせん妄が生じたり、慢性硬膜下血腫で認知症症状が現れたり、放置すると重篤化して、死の危険にさらされるような疾患の場合もあります。

　また、症状が**非定型的**で、**個人差が大きく、社会的環境の影響を受けやすい**といえます。

　「単にストレスが原因」「たいしたことない」と決めつけないで、きちんと受診して、早期に対応することが求められます。

心身症になりやすい性格

　心身症は誰でもなり得るものですが、ストレスをうまく解消することができず、心の奥底に溜め込んでしまいやすい人がなりやすいといえます。

　一般に、心身症になりやすいタイプとして、次のようなものがあげられます。

- **想像力が不足している**
- **自分の感情を言語化することが苦手**
- **些細なことにこだわる**

　これらは、**失感情症**（アレキシサイミア）と呼ばれます。

　ストレスを感情的に処理しないまま無意識に抑え込んでしまい、やがて身体症状となって現れてくると考えられています。

Step 1-3 心身症の診断と治療

除外診断を行う

　心身症では、まず、その症状が心身症以外の病気ではないことを確定させる必要があります。これを、**除外診断**といいます。

　思いあたる原因があり、ストレスによる心身症であることが疑われても、他の身体疾患や精神疾患が見逃されることがないよう、診察や検査は、必ず行います。

　高齢者の場合、何度も述べているように、身体機能自体が衰えていることもあり、ストレスが身体面に現れやすいですが、逆に、身体疾患に精神症状が伴うことも多いです。うつ病などの精神疾患で身体症状を訴えることも多いです。

　安易に「ストレスのせい」と決めつけることなく、身体疾患や他の精神疾患の可能性も否定せずに、医療機関を受診します。

　心身症は、**心理的な治療**と**身体的な治療**の両方を要する病気であるという認識が重要です。

心身症の診断

　除外診断を行いながら、身体症状の観察・評価、心理社会的状況の把握・評価を行い、心身症の可能性について検討していきます。

- 現れている症状はストレスによって引き起こされやすいものか
- ストレスを受けやすい性格傾向がみられるか
- ストレスを受けやすい環境に置かれているか　など

- 過去に同じようなことがあったか
- 他に同じようなエピソードはないか　など

　ストレスによる自律神経系、内分泌系、免疫系の不調などが疑われ、それに相応した症状が現れている場合、**心身症と診断**されます。

慢性疲労症候群（CFS）

　原因不明の強い疲労感が少なくとも6ヶ月以上持続し、その疲労感によって日常生活・社会生活に支障をきたす疾患を、**慢性疲労症候群**と呼びます。疲労感とともに、微熱、頭痛、脱力感、思考力・記憶力・集中力の低下、抑うつ状態、不眠などの症状がみられます。

　発症にストレスがかかわっていることが明らかになりつつあります。

機能性身体症候群（FSS）

　身体症状は持続しているのに、検査をしても医学的に説明ができず、医学的アプローチによる治療が効かず、主観的な訴えと客観的な評価が大きく乖離していることで、さらに症状が持続し、増大するような病態を、**機能性身体症候群**と呼びます。

　ストレスとの関連が着目されています。

心身症の治療

「**ストレスへの気づき**」を促すことが、治療の基本的な方針となります。心身症では、客観的にストレスが身体症状を引き起こしているのが明らかにみえても、本人は気がついていないことが多いです。ストレスのせいであることを、本人が納得しない場合もあります。

ストレスによって身体症状が引き起こされるメカニズムを理解し、自分のストレスとストレス症状を客観視することが治療の第一歩です。

病状への不安から、心身の相互作用で症状がさらに悪化し、それが、より一層の不安をかきたてるといった悪循環に陥る場合もあります。

わかりやすい言葉で、どうしてそうなっているのか、どのように治療していくのかを説明し、理解し、納得してもらうことが重要です。

○認知行動療法

学習の結果、身についた特定の好ましくない症状や行動を明確化し、新たな行動を学習したり、修正を行おうとする精神療法を、行動療法といいます。行動療法の技法に、認知的な技法を導入したのが、認知行動療法です。非適応的な行動は、認知の歪みによるものと捉え、認知のあり方を本人と一緒に検証・検討することを通じて、非適応的な行動の修正や問題解決を行おうとします。

○自律訓練法

自己暗示を行うことで、全身の緊張を解き、心身の状態を自分でうまくコントロールできるように工夫された段階訓練法です。ドイツの精神科医であるシュルツによって創設された手法で、自己催眠のメカニズムが取り入れられています。リラクゼーション法として代表的なものの1つで、心身症などに効果があるとされています。

○バイオフィードバック法

　本人が自覚しにくい自律神経機能を、本人の目や耳に光や音でフィードバックし、身体の調整・リラックスを図ろうとする方法です。

○その他の心理療法

　交流分析、箱庭療法、芸術療法、森田療法、内観療法、家族療法、ブリーフセラピーなどがあります。

心身症の薬物療法

　ストレス症状の緩和、ストレス症状による二次的な不安感や抑うつ感に対して、**抗不安薬**を用いた薬物療法が行われます。抑うつ感が強い場合は、抗うつ薬が用いられることもあります。
　身体症状には、対症療法的な薬剤が用いられます。

心身症の内科診療のポイント

　慢性の腹部愁訴があるにもかかわらず、それを説明するに足りる局所の器質的疾患、代謝性疾患などの全身疾患がみられない病態を総称して、**機能性消化管障害**（FGIDs）と呼びます。代表的な消化器系心身症の1つです。
　「心身症─診断・治療ガイドライン2006」から、機能性消化管障害の内科診療のポイントをみて、心身症における内科診療のポイントについて考えてみましょう。

○受診理由の把握

　機能性消化管障害は、慢性疾患であり、なぜ"今"受診するのかを把握することが重要となります。

○心理社会的視点を重視したアプローチ
- やまいに対する患者の視点→癌恐怖を持つ患者への語り掛け
- 検査で異常がなかったことのフィードバック
- 慢性疾患に適応するという姿勢を促す→「治療」から「ケア」へ
- 健康的な行動の強化→「治療の主体は患者である」

Step 1-4

ストレスへの気づきと心身症予防

病気の一歩手前でとどめること

　誰でも、極度に緊張すると胃が痛くなったり、頭が痛くなってきたり、身体に不調が生じたという経験はあるでしょう。ストレスで心身に不調が生じることは、ストレス反応のメカニズムからも特別なことではありません。

　身体の不調を慢性化させたり、悪化させたりして、"病気"となってしまう手前でとどめることが重要です。不調に陥ったときも、できる**だけ重症化しないで回復できる力**をつけておく必要があります。

　高齢者は、個人差が大きく、病気の症状は非定型的で、正常範囲と病気の境界が曖昧で、症状が慢性化したり、ちょっとしたことで重篤化しやすく、特に注意を要します。

会話がない1人暮らし高齢者

　内閣府「高齢社会白書」によると、60歳以上の高齢者の会話の頻度は、全体では「毎日」が約9割を超えていますが、1人暮らしでは、「2〜3日に1回」以下の割合も、男性で約3割、女性で約2割と多くなっています。

　「1週間に1回未満、ほとんど話をしない」人も、1人暮らしでは、女性で約5％、男性では約7.5％もいます。

　近所づきあいの程度は、全体では「親しくつきあっている」が半数を超えていますが、特に男性の1人暮らし世帯で、「つきあいはほとんどない」が2割近くを占めています。

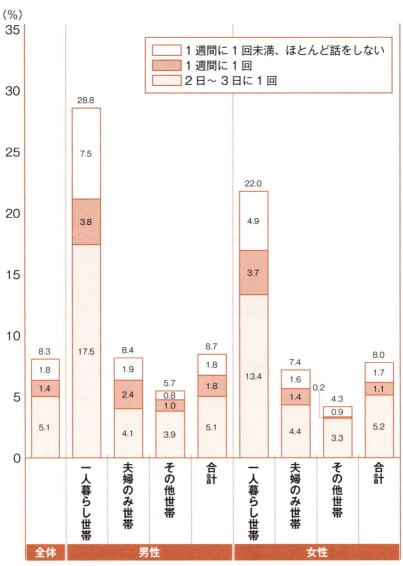

近所づきあいの程度

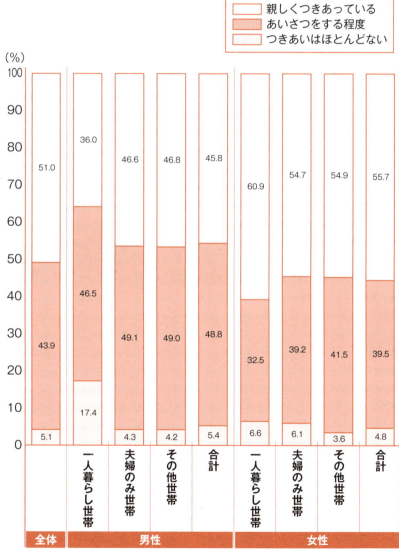

資料：内閣府「高齢者の住宅と生活環境に関する意識調査」（平成22年）
（注）対象は60歳以上の男女

孤立が及ぼす悪影響

　ストレスや心身症の予防には、**ストレスへの気づき**と、**早期対応**が重要です。ストレスを自覚することはもちろん、自分以外の誰かが、いつもと違うことに気づいてくれたり、声をかけてくれたり、何かと気にかけてくれたりすることは安心感にもつながり、予防として有効であるといえます。

　孤立感や孤独感は、それ自体がストレス要因となります。

　内閣府「高齢社会白書」によると、誰にも看取られることなく、なくなった後に発見されるような孤立死（孤独死）を身近な問題と感じる高齢者は、1人暮らし世帯で、4割を超えています。それが、どれほどのストレスとなっているのでしょうか。このような高齢社会の現実を受け止め、対応していく必要があるでしょう。

　後で詳しく述べますが、ストレス状況は、「言葉にする」ことで軽減する場合も多いですし、まわりの人間関係、特に**ソーシャル・サポート**と呼ばれる支援的な人間関係が大きく影響します。

　孤立しがちな1人暮らし高齢者をどのようにサポートしていくかが、重要な課題となっています。

孤独死を身近な問題と感じるものの割合

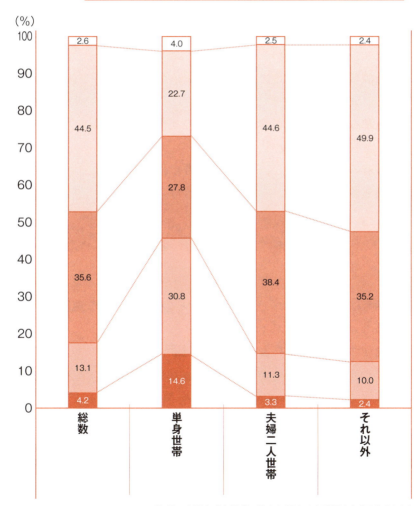

資料：内閣府「高齢者の健康に関する意識調査」（平成24年）
（注）対象は、全国60歳以上の男女
＊本調査における「孤独死」の定義は「誰にも看取られることなく亡くなったあとに発見される死」

Step 1

"老い"とストレス
理解度チェック

 問題1 次の文章で適切なものには○を、間違っているものには×をつけなさい。

① ストレスはすべて悪いものである。[　]
② 社会的再適応評価尺度によると、自分のケガや病気より、離婚によるストレスの方が強い。[　]
③ 社会的再適応評価尺度によると、子どもの自立はストレスとはならない。[　]
④ 1人暮らし高齢者が日常生活に感じる不安は、「頼れる人がいなくなること」が最も多い。[　]
⑤ 内閣府の調査によると、一般に高齢者だと思う年齢は、「70歳以上」が最も多い。[　]

 問題2 次の文章中の[　]内で正しいものを選びなさい。

① 高齢者は若い頃に比べて、ストレスからの回復が [ア 速い　イ 遅れる] 傾向がある。
② 心身症は、ストレスによる [ア 心理面　イ 身体面] の反応である。
③ 高齢者は、ストレスによる症状を [ア 気持ちの問題　イ 深刻な病気] と捉えがちである。
④ 高齢者の症状は、個人差が [ア 小さい　イ 大きい] ことが多い。
⑤ 想像力が [ア 豊かな　イ 不足している] 人は、心身症になりやすい。

問題3　次の文章にあてはまる語句を、下記の語群から選びなさい。

①心身症では、その症状が心身症以外の病気でないことを確定させる[　]を行う。
②心身症では、ストレス症状緩和のために[　]が行われる。
③原因不明の強い疲労感が少なくとも6ヶ月以上持続し、その疲労感によって日常生活・社会生活に支障をきたす疾患を、[　]という。
④自己暗示を行うことで、全身の緊張を解き、心身の状態を自分でうまくコントロールできるように工夫された段階訓練法を、[　]という。
⑤非適応的な行動は、認知の歪みによるものと捉え、認知のあり方を本人と一緒に検証・検討することを通じて、非適応的な行動の修正や問題解決を行おうとする精神療法を、[　]という。

語群
Ⓐ環境調整　Ⓑ除外診断　Ⓒ薬物療法　Ⓓ認知行動療法　Ⓔ自律訓練法　Ⓕ慢性疲労症候群　Ⓖ機能性身体症候群

 問題4　次の文章で適切なものには○を、間違っているものには×をつけなさい。

①ストレスによる心身の不調は、すべて病気である。[　]
②高齢者は正常範囲と病気の境界が曖昧である。[　]
③1人暮らし高齢者の特に女性で、会話の頻度が少ない。[　]
④男性の1人暮らし世帯では、2割近くが近所づきあいがほとんどない。[　]
⑤孤立死を身近な問題と感じる高齢者は、1人暮らし世帯でも1割に満たない。[　]

Step1 Check Answer

"老い"とストレス
理解度チェック 解答と解説

問題1
① ×　私たちには適度なストレスが必要で、"良いストレス"は、抵抗力や適応力など、力を増してくれます。
② ○　配偶者の死が最も強いストレッサーとなるとしています。
③ ×　子どもの自立もストレッサーとなります。
④ ×　「健康や病気のこと」が最も多くなっています。
⑤ ○　女性は男性よりも、高齢者をより高年齢に捉える傾向があるようです。

問題2
① イ　加齢に伴って、生体防御の働きが鈍くなり、ストレスからの回復も遅れがちになります。
② イ　心身症は、病気の発症や進行にストレスが密接に関与している身体の病気全般をいいます。
③ ア　ストレスによる症状を、気持ちの問題として、積極的に第三者に訴えることなく、がまんしてしまうことも多いといいます。
④ イ　高齢者の症状は、非定型的で、個人差が大きく、社会的環境の影響を受けやすいといえます。
⑤ イ　想像力が不足していたり、感情を言語化することが苦手であったり、失感情症の人は心身症になりやすいといいます。

問題3
①　Ⓑ（除外診断）：ストレスによる心身症が疑われても、診察や検査を行い、除外診断をすることが必要です。
②　Ⓒ（薬物療法）：不安感や抑うつ感に対しては、抗不安薬などが用いられます。
③　Ⓕ（慢性疲労症候群）：発症にストレスがかかわっていることが明

らかになりつつあります。
④ Ⓔ（自律訓練法）：ドイツの精神科医であるシュルツによって創設された手法です。
⑤ Ⓓ（認知行動療法）：行動療法の技法に、認知的な技法を導入したのが、認知行動療法です。

問題4

① × ストレスで心身に不調が生じることは誰にでも起こり得ることなので、慢性化させたり悪化させたりして病気にならないよう、一歩手前でとどめることが重要です。
② ◯ 症状が慢性化したり、ちょっとしたことで重篤化しやすく、注意が必要です。
③ × １人暮らし高齢者の、特に男性で、会話の頻度が少なくなっています。
④ ◯ 全体では、「親しくつきあっている」が半数を超えています。
⑤ × 孤立死を身近な問題と感じる高齢者は、１人暮らし世帯で４割を超えています。

Part2

ストレスに強くなる

Step 1

ストレスと上手に
つきあう方法

　ストレスからは逃れられないのですから、うまくコントロールして、活力の源となるように、前向きに捉えることが長生きの秘訣です。

ストレス耐性とは

　ストレスに対して、どの程度まで障害が生じることなく耐えられるかを、**ストレス耐性**といいます。ストレス耐性が高い人は、ストレスに強い人です。ストレス耐性とは、ストレスに対する脆さ、弱さと言い換えることもでき、ストレス耐性が低いと、ちょっとしたストレスでも心や身体、社会生活に支障をきたしてしまうことになります。

　ストレス耐性に影響を与える要因として、1つには、その人の性格や考え方や行動のパターンなど、**パーソナリティ**があります。もう1つには、その人のさまざまな**経験**があげられます。高齢者は長年の間に多くの経験を積み重ね、傷つき、癒しながら、意識するしないにかかわらず、心を鍛えてきたことでしょう。ただし、その分、金属疲労のように危うい状態になってしまっているかもしれません。

ストレス耐性を高める

　ストレス耐性は生まれつき決定されているものではありません。運動で身体を鍛えることができるように、意識的にストレス耐性を高めていくことも可能です。

　ストレス耐性を高めるためには、まず、どのようなことがストレスになっているのか、そのストレスはどの程度の影響を与えているのか、

ストレスへの対処法として何が有効か、など個人のストレスについて**客観的に把握し、理解していく**ことが必要です。

このように、ストレス耐性を高め、ストレスとうまくつきあっていこうとする考え方、方法を、ストレス・マネジメントといいます。

ストレス・マネジメント

ストレスへの対応については、単純にストレスの原因自体を減らすことを中心に置くのではなく、自分なりの方法で適切に対処し、ストレスをコントロールして上手につきあっていくのが望ましいと考えられています。これを、**ストレス・マネジメント**といいます。

ストレス・マネジメントは、主に"悪いストレス"への対処が中心となります。そしてストレス・マネジメント能力を高めることで、高齢者は残りの人生を悔いなく活き活きと過ごすことができ、たとえ介護が必要になったとしても、家族も含めて、それぞれが、その人らしい生活を送ることが可能となるのです。

私たちは意識的に、あるいは無意識のうちにストレスに対処しようとしています。歪んだビーチボールを、最も均整の取れた真ん丸に戻そうと、心や体が反応しているのです。しかしその方法が偏っていたり、適切でなかったり、効果的ではない場合、やはり心身への影響が出てしまいます。心身ともに健康的な生活を送るためには、上手にストレスとつきあうための方法、つまり、ストレス・マネジメントが大切なのです。

高齢者のストレスを分析する

3つの面からの分析

　ストレス・マネジメントは、ストレスについて知ることからはじまります。高齢者のストレスをよく知るために、**ストレス状況**、**ストレス反応**、**ソーシャル・サポート**の3つの面からストレスを把握し、分析します。

ストレス状況を把握する

　現在のストレス状況がどのようなものであるかを客観的に把握し、分析します。

- 何がストレッサーとなっているのか
  ⇨心身機能の衰え？　身体疾患の症状？　今後の不安？　配偶者との関係？　家族との関係？　孤立感？　疎外感？
- どの程度のストレスになっているか
  ⇨心身に具体的な反応はでているか？
- 対処方法はあるか
  ⇨自分で適切に対処できるか？　外部のサポートが必要か？
  ⇨自分で対処できる状況か？　サポートが得られる状況か？
- 現在の状況
  ⇨現在もストレス状況下にあるのか？　悪化していないか？

ストレス反応を把握する

　現れているストレス反応を把握し、生じやすい反応のパターンについて分析します。

- 身体面に出ている反応は
  ⇨ 不眠、睡眠過多、食欲不振、食べすぎ、胃もたれ、胃痛、便秘、下痢、頭痛、高血圧、動悸、不整脈、肩こり、腰痛、背中の痛み、息苦しさ、過呼吸
- 精神・心理面に出ている反応は
  ⇨ 落ち込み、イライラ、怒りっぽい、不安感、緊張感、無気力、なげやりになる、やる気が出ない、悲観的思考、否定的思考、集中できない、自分を責める、他人を責める、楽しめない、面白くない、寂しい、人恋しい、誰にも会いたくない
- 行動面に出ている反応は
  ⇨ 攻撃的言動、逃避的言動、拒否的言動、引きこもり
- どの面に反応がでやすいのか

ソーシャル・サポートを把握する

　まわりの人間関係は、プラスに作用しているか、マイナスに働いてしまっているものはないか、把握します。

　プラスに作用しているものは、どのような点がストレスの緩和に有効に働いているのか、分析します。

　ストレスの緩和には、周囲の人々からの支援が有効です。これを、ソーシャル・サポートといい、次のような支援が考えられます。

情緒的支援	共感、配慮、信頼など、人間関係の情緒的結びつきによる支援
道具的支援	仕事を分担したり、看病したり、経済的に支援したり、直接的に行う支援
情報的支援	有益な情報を提供して、活用してもらおうとする支援
評価的支援	その人の考えや行動を認める支援

　特に、高齢者は、配偶者や友人との死別で親しい**人間関係が失われてしまっている**こともあるので、それを補ったり、代わりとなるような**情緒的支援の有無**を確認することは重要です。

ストレス・チェック

簡単なストレス・チェックをしてみましょう。あてはまるものに○をつけてください。

```
〔    〕①なかなか眠れないことがある。
〔    〕②やる気、集中力がない。
〔    〕③以前より持病があり、気になる。
〔    〕④他の人より遊んでいない方だと思う。
〔    〕⑤気をつかうことがあり、疲れている。
〔    〕⑥ちょっとしたことでも思い出せないことがある。
〔    〕⑦休日、外出しようと思うが、面倒になってやめてしまう。
〔    〕⑧最近何かに熱中することがなくなってしまった。
〔    〕⑨不安でたまらなくなり、疲れてしまうことがある。
〔    〕⑩自分はどちらかというとマイナス思考だ。
〔    〕⑪最近いろいろなことに興味を持つことが減った。
〔    〕⑫眠りが浅い、または朝起きられなくて困っている。
〔    〕⑬もっと体調がよくなりたい。
〔    〕⑭今より自分に自信が持てれば、成功すると思う。
〔    〕⑮もっと気楽になれたらなと思う。
〔合計          〕
```

結果の見方

○の数＝5個以内：適度のストレスです。上手にストレス解消をしていると思われます。今のペースで生活をしていけばいいでしょう。

○の数＝6〜10個：やや強くストレスを感じています。もう少し自分の身体と心に気をつけて、ストレスとうまくつきあいましょう。

○の数＝11個以上：強いストレスを感じています。放っておけばいずれ、心身に何らかの影響が出るかもしれません。早急に対処法を考える必要があります。

高齢者にとっての良いストレスと悪いストレス

　プラスに作用する良いストレスは、たとえば、地域で趣味の活動に参加することで、同世代の新しい友人ができて、**お互いに"刺激"しあえる状況**ができたりすることです。

　それに対して悪いストレスは、心身に悪影響を及ぼすもので、マイナスに作用します。これまで普通にできていたことができなくなるもどかしさ、上下関係の逆転、身近な人間関係の喪失、高齢者虐待、災害や事故などによるショックなどが原因となり、イライラ、集中力低下、不安、緊張などを引き起こします。

高齢者を取り巻く環境を分析する

身近な人間関係の喪失

　高齢者の人間関係で考慮すべきは、**身近な人間関係の喪失**です。配偶者や友人との死別、子どもや家族との別居など、わずらわしい人間関係から生じるストレスとは違って、親密な人間関係が失われることから来る孤独などのストレスです。

　内閣府が行った「高齢者の日常生活に関する意識調査」結果によると、将来の自分の日常生活全般について、どのようなことに不安を感じるかに対して、「頼れる人がいなくなり1人きりの暮らしになること」と回答した人の割合は、夫婦2人世帯で全体よりも高くなっています。

頼れる人がいなくなり1人きりの暮らしになることに不安を感じる	
総数	23.1%
単身世帯	22.4%
夫婦2人世帯	29.7%
本人と親の世帯	23.8%
本人と子の世帯	17.8%
本人と子と孫の世帯	11.1%
その他	25.7%

　配偶者との死別が最もストレス度が高いということは、先にもみましたが、**配偶者との関係やその変化**は、高齢者を取り巻く人間関係を把握・分析する上で、第一に着目すべきポイントであるといえるでしょう。

人間関係の変化への不安

将来の自分の日常生活全般について、どのようなことに不安を感じるかに対して、「家族との人間関係」や「人（近隣、親戚、友人、仲間など）とのつきあいのこと」と回答した人についてみてみましょう。

家族との人間関係に不安を感じる	
総数	7.6%
単身世帯	9.4%
夫婦2人世帯	6.0%
本人と親の世帯	7.0%
本人と子の世帯	7.5%
本人と子と孫の世帯	13.1%
その他	6.6%

人（近隣、親戚、友人、仲間など）とのつきあいのことに不安を感じる	
総数	6.3%
単身世帯	9.4%
夫婦2人世帯	6.7%
本人と親の世帯	8.4%
本人と子の世帯	4.7%
本人と子と孫の世帯	3.9%
その他	6.6%

子や孫と同居している人は、近隣や仲間よりも、顕著に、家族との人間関係に不安を感じていることがわかります。

単身世帯は、これらに不安を感じる割合が、総数より高くなっています。夫婦2人世帯は、これらに不安を感じる割合が、総数より低くなっています。

こうしてみてみると、高齢者は、**一番身近にいる人との人間関係が変化すること**へ最も不安を感じている、といえるのではないでしょうか。

家族の中での役割

　内閣府が行った「高齢者の日常生活に関する意識調査」では、「家族や親族の中でどのような役割を果たしていると感じているか」を調査しています。

　本人がどのような役割を果たしていると感じているかと、配偶者がどのような役割を果たしていると感じているかを聞いています。

　男女別に結果を並べてみてみましょう。

○男性・女性の果たしている役割

　男性は、本人としても配偶者からみても「家族の経済的な支えである」が最も多く、女性は、本人としても配偶者からみても「家事を担っている」が最も多いのは、想定内でしょう。

　配偶者の役割が、「特に役割はない」「無回答」という回答が、男性よりも女性で高くなっているのは、興味深いです。また、女性の配偶者の役割に対する回答で、「家族の経済的な支え手である」「家族・親族の相談相手になっている」「家族や親族関係の長である」は、男性本人の回答よりもそれぞれの割合が、10ポイント以上低くなっています。

　女性の方が、配偶者に対して厳しいのでしょうか、あるいは無関心なのでしょうか。

　本人が思っている役割と、まわりが感じている役割に**開きがあること**は、ストレス要因の1つとなり得ます。

高齢者の近所づきあい

　内閣府「高齢者の日常生活に関する意識調査」結果から、近所づきあいの認識と実際の近所づきあいの程度についてみてみましょう。

　「親しくつきあいたいと感じる」割合より、実際に「親しくつきあっ

ている」の割合がやや下回っています。

　実際は「ほとんどつきあいがない」人も、「つきあいがない」人も、「あいさつをする程度のつきあいをしたいと感じる」と考えているようです。

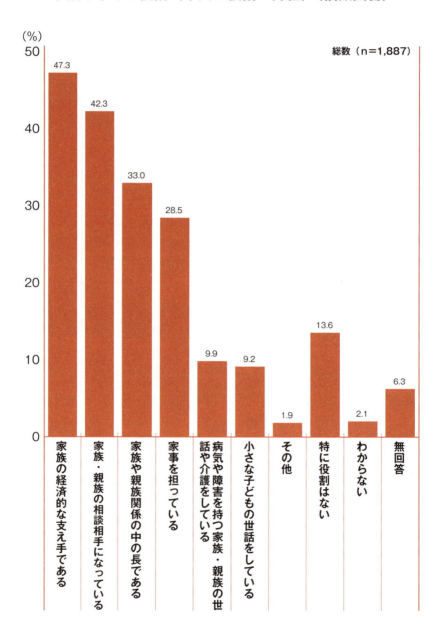

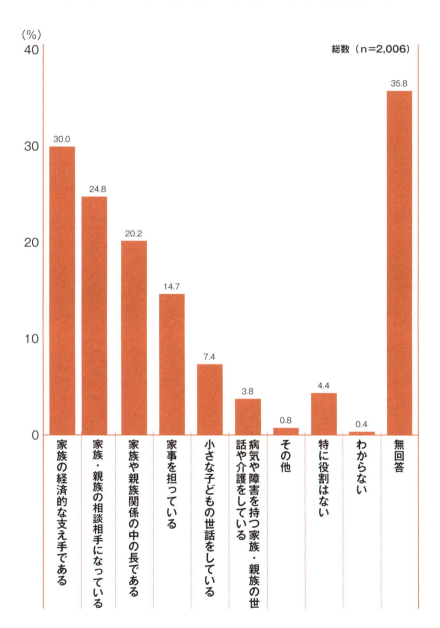

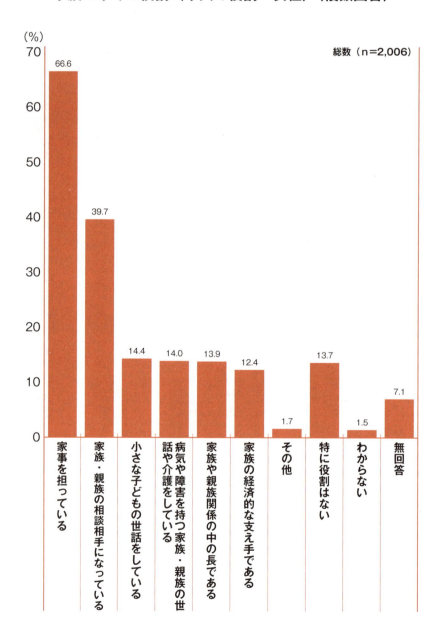

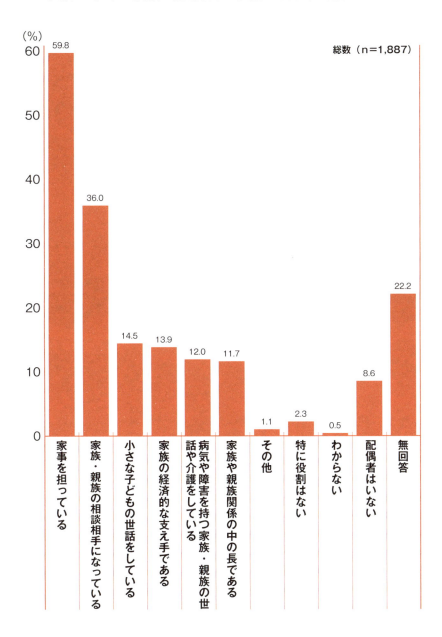

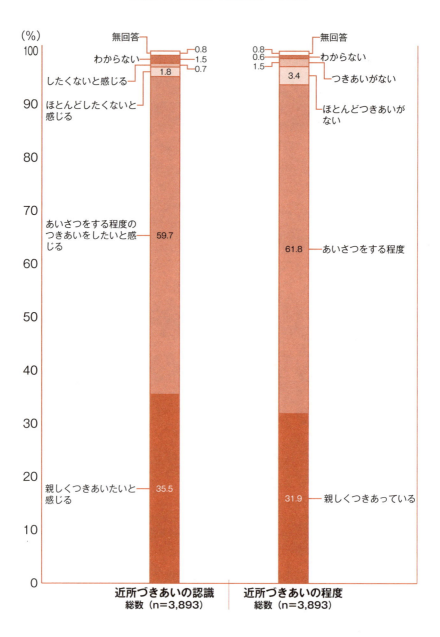

近所づきあいの程度別　近所づきあいの認識（複数回答）

近所づきあいの程度 ＼ 近所づきあいの認識	親しくつきあいたいと感じる	あいさつをする程度のつきあいをしたいと感じる	ほとんどしたくないと感じる	したくないと感じる	わからない	無回答
親しくつきあっている	87.9%	11.1%	-	-	0.2%	0.7%
あいさつをする程度	11.1%	86.3%	1.6%	0.3%	0.6%	0.1%
ほとんどつきあいがない	8.2%	63.4%	16.4%	7.5%	3.7%	0.7%
つきあいがない	13.3%	28.3%	18.3%	15.0%	25.0%	-
わからない	4.5%	9.1%	-	-	86.4%	-

以上、資料：内閣府「高齢期の日常生活に関する意識調査」（平成26年）より

考え方を変えるためのヒント

価値観の違いに気づく

　子どものころは学校、大人になり中高年までは職場、そして高齢者になると家庭や地域社会が生活の中心になります。とくに男性の場合はそういった傾向が強く、女性よりも地域社会との関係に不慣れなところがあります。物事の判断尺度が職場にいたころの考え方と同じであるために、しばしば近所づきあいでギクシャクする経験をすることも多いでしょう。

　退職したばかりの人が地域社会に戻ったときには、こういうことが起こりやすいものです。**価値観の相違**にストレスを感じ、近所づきあいを嫌ってしまうことになる可能性もあります。「どうしてこんなことで、みんなは自分に注意するのだろう？」「こうすれば簡単にできるのに、どうして他の人はやらないのだろう？」とその理由を考えてみたりするものですが、職場にいたときの自分の地位や立場が邪魔をして、素直に溶け込めなかったりするのです。

　しかし、ちょっと視点を変えてみて、自分がすでに会社人間ではないということに気がつき、**地域で楽しむ**という気持ちになれば、ご近所との調和こそが一番大事なものと理解できるはずです。今までストレスであったおつきあいが、考え方を変えれば、これほど楽しく温かいものはないと思えるまでになったりするのです。

認知の修正

　間違った思い込みがストレス状況をつくっている場合もあります。

「違う考え方」があると自覚することで、ストレスが軽減したり、解消されたり、ストレスと上手につきあっていけるようにもなります。

「こうあるべき」「こうしなければならない」という考え方はやめて、その状況を当たり前のことと捉え、前向きに考え、自分自身を受け入れる**ポジティブ・シンキング**が大切です。

物事の捉え方の歪み

破局的な見方	最悪の事態を考えてしまう ちょっとした困難でも大きな破局や不幸な結末を想像してしまう
全か無かの思考	二者択一的に考えてしまう あいまいな状況や中間的状況を受け入れることができず、少しでも満たされないと、全否定したり、投げ出してしまう
過度の一般化	一事が万事の考え方 「結局、○○だ」と、すべてのできごとを1つの解釈に一般化してしまう
感情的判断	自分の感情から、できごとの意味や是非を判断する
自己関係づけ	関係ないできごとなのに、自分に責任があるように判断する
思いつきによる推論	思いつきで場当たり的に決めつけてしまう

当たり前に考える

　私たちは自分勝手な考え方や、間違った思い込みのために、ストレスを感じてしまうことがよくあります。

　高齢者は、とくに長い人生経験と、生きてきた環境から、**固定観念**といっていいほどの凝り固まった考えを持っている場合があります。信条という場合もあるでしょうが、そういった考えを貫くことで過去の大変な時期を乗り越えてきた、という自負があるのでしょう。

このような「こうあるべき」「こうしなければならない」という思い込み、当たり前ではない考えを直して、**当たり前に考える**ようにしていくことが大切です。
　普通に考えたら、「年齢とともに体力が落ちるのはあたりまえ」「完璧に人をお世話することはできない」わけです。もしそう考えられたら、体力の低下もそれほど気にならないでしょうし、お世話がうまくできないことや、相手に対しても、イライラすることもだいぶ減るでしょう。

前向きに考える

　「老いては子に従え」という言葉があります。そうはいっても、はつらつとした高齢者の中には「まだまだ子どもに頼るような年齢ではない！」と考える人も多いと思います。確かに、子どもからの助け舟を断つことで、自分自身にいい緊張感を与え、悠々と生活している高齢者は多いものです。
　しかし、子どもに頼ることが決して悪いわけではありません。子どもに任せれば自分はストレスから解放されますし、子どもは新たな責任をバネにして大きく飛躍するチャンスになるかもしれません。
　「もう歳なんだから！」という家族の言葉にも、反発して意地になるのではなく、「ああ、気にかけてくれているんだな」と思えれば、素直に受け入れられるものです。
　目の前の事象だけにとらわれて、凝り固まった考え方をしないことです。「ちょっとまてよ、あの人は、自分に本当にそんな意味のことを言ったのか？」「いや、そんな人じゃあない、きっと好意的に忠告してくれているに違いない」と**前向きに思える**ようになれば、大きな進歩です。ストレスを真綿のように受け止め、傷つかずに跳ね返す心を持ったことになります。

自分に優しい言葉を使う

　日本語には「**言霊（ことだま）**」という言葉があります。言葉には霊的な力があり、その言葉を口にすることで願いがかなったり、人に大きな力をおよぼしたりする、と昔から考えられてきました。
「病は気から」とはよく言われることです。気持ちの持ち方しだいで、病からの回復は早くなるという意味ですが、そういうことは実際にあるものです。そして、気持ちを鼓舞するものが言葉なのです。
　ネガティブな言葉を口にすれば、すでに気持ちは後退している証です。気持ちが後退すれば、さらに気弱な言葉しか出てこなくなるという、負のサイクルにはまり込んでしまいます。
　物事がうまくいかないときに、「やっぱり自分はダメだ」「どうせ自分には無理だ」というような、自分に厳しい言葉を使っていると、自分に自信がなくなり、ストレスはどんどんふくらんでいきます。もしそのような言葉が頭に浮かんできたら「ストップ！」と自分に言い聞かせましょう。そして自分を励ますような、**ポジティブで優しい言葉**を、自分で自分にかけてあげるのです。それを繰り返すうちに自信を取り戻し、ストレッサーが軽減される効果があります。

優しい言葉の例

日々是好日。深呼吸。ぽちぽち、いこか。行雲流水。ほどほどが大切。開き直る。ケセラセラ。明日は明日の風が吹く。時ぐすり。時間が解決する。時間は最良の医師。明けない夜はない。やまない雨はない。忘の得。あるがまま。人は慣れる動物である。最初はしんどい。遊び心を大切に。私にしかできないことがある。1人でやらなくてもいい。失敗は成功の母。

　自分にとっての魔法の言葉をみつけましょう。

ストレスに直面したときの対処方法

ストレス・コーピング

ストレスへの対処方略を、**ストレス・コーピング**といいます。

ラザルスが提唱した理論によると、ストレッサーを経験した場合に、それをどのように捉え、どのように対処するかによって、個人のストレスレベルが決定されるといいます。

あるできごとや状況が、自分にとって脅威的なものであるか、重要なものであるか、といったストレッサー自体に対する認知的評価を、一次的評価といいます。そして、ストレッサーに対して、どのような対処が可能であるかというコーピングに関する評価を、二次的評価といいます。

ストレッサーの認知的評価を行い、コーピングを実行して、ストレス反応を表出するまでの一連の過程を、**ストレス**と捉えています。

情動焦点型コーピングと問題焦点型コーピング

ストレス・コーピングには、大きく2種類あるとされています。

情動焦点型コーピング	不快な情動のコントロールを目的とする	問題を回避したり、否認したり、感情を発散させるなど 問題の本質的解決にはならない
問題焦点型コーピング	問題解決を目的とする	ストレス状況の中で問題となっていることは何か、どう解決すべきかなどを考え実行する

ストレス状況を自分ではコントロールすることが不可能であると判

断された場合に、情動焦点型コーピングがとられやすいといえます。問題焦点型コーピングは、問題解決を行える能力、また、自分にはできるという自信（**自己効力感**）、**ソーシャル・サポート**などが必要となります。

　まずは、情動焦点型コーピングで不満や不快な感情を発散して、気分をリフレッシュして落ち着かせ、その後に、問題焦点型コーピングで根本的解決を図るといった方法がとられることもあります。

　高齢者の場合は情動焦点型および問題焦点型コーピングの**両方を併用すること**が多いようです。高まった感情、鬱積した不満をまずは取り除き、気分が落ち着いたところで、根本の問題解決に取り掛かるという手法です。社会生活が長い人の場合は、職場で物事を順序立てて解決するスキルに触れていますので、冷静になった時点で誘導すれば、ストレスの原因とその対策を導き出すことができるでしょう。

　ストレス・マネジメントには、2つのストレス・コーピングを併用したり、上手に使い分けることが重要です。

具体的なストレスへの対処法

　普段、無意識に行っていることもあるかもしれませんが、客観的に整理してみましょう。

がまんする	できる限りがまんするのも1つの対処法です がまんしているうちに、慣れたり、気にならなくなったりすることもあります
回避する	ストレッサーから逃げたり、ストレッサーを避けたり、距離をおいたりします 意識的、積極的に回避するのも1つの対処法です
忘れる	嫌なことは忘れてしまうというのも1つの対処法です 忘れることができるから、人間は生きていけるのだ、と言われることもあるように、人間に備わった能力です

相談する	誰かに話を聞いてもらうだけで、気持ちが落ち着いたり軽くなったりすることがあります アドバイスをもらったり、励ましを受けたり、自分では気づかなかったことに気づいたりすることもできます
主張する	ストレス状況を改善するために自己主張します この場合、自分だけでなく相手のことも尊重した自己主張であるアサーションを心がけます

気分転換の方法

気分転換する方法としては、次のようなものがあります。

○リラックスして心と身体をいたわる

　ゆっくり深呼吸したり、目を閉じて楽しいことをイメージする／好きな風景を思い浮かべる／好きな言葉を繰り返し唱えてみる／笑顔を作ってみる／昔のアルバムを見る／懐かしい曲や好きな音楽を聴く／アロマテラピー／お茶を飲む／肩もみ／ストレッチ／マッサージやエステ／ゆっくりお風呂に入る／入浴剤を入れて入る／温泉に行く／外食しに行く／昼寝、何もしないでボーっとする　など

○自己表現を行う

　気持ちをノートに書き出してみる／文章を書く／日記をつける／やってみたいことを書いてみる／その計画表を立てる／やりたいことを誰かと語り合う／オリジナル料理を作る／家庭菜園を作る／楽器を演奏する／粘土や陶芸／絵を描く　など

○外へ向けて発散する

　大笑いする／お笑い番組を観る／落語を聞く／大声で叫ぶ／泣きわめく／クッションを叩く、蹴る／新聞や雑誌を破る／コンサートなどに出かける／誰かとおしゃべり／長電話／カラオケ／ライブ／ジェッ

トコースターや遊園地／スポーツ／スポーツ観戦／ダンス／音楽に合わせて体を動かす／ラジオ体操　など

○他のことに集中する

　ゲートボールなどに熱中する／自然（空、夕日、山、海、木、花、草など）に触れる／ガーデニング／散歩／ゆっくり歩く／山歩き／サイクリング／旅行／パズルやゲーム／新しいことに挑戦してみる／資格取得にチャレンジする／ボランティア活動／本を読む／映画を観る／美術館／ペットを飼う　など

○生活に変化を加える

　髪形、ファッション、メイクを変えてみる／部屋を模様替えしてみる／整理整頓する／いらないものを捨てる／いつもとは違う道を通ってみる／寄り道をしてみる／時計をしない日を作る／テレビを見ない日を作る／いつもとは違うことをしてみる／無駄なことをしてみる　など

どの方法を選択するか

　どのストレス・コーピングが効果があるとか、人気があるとかいうものではありません。高齢者や家族介護者をはじめとする家族の皆さんそれぞれに、最も適したコーピングを選択してもらえばいいのです。家族で一緒にトライしてみるのもいいでしょう。家族そのものがストレスの対象になっているのなら、1人で行ってみるのもいいでしょう。

　パーソナリティを始め、価値観や自己評価、まわりの環境、対人関係などによっても、コーピングの働きは変わってきます。大切なことは、できるだけコーピングの**レパートリーを増やしておくこと**です。使えるコーピングが多ければ、「これがダメなら、あっちを試してみよ

う」というように、さまざまなストレスに対して、適切な方法を選んで乗り切っていくことができます。1人ひとりが自分に一番合った、**自分なりのストレス対処法**をたくさん見つけておくようにしましょう。

Step1 ストレスと上手につきあう方法
理解度チェック

 問題1 次のソーシャル・サポートの表の [ ] にあてはまる語句を答えなさい。

[①]	共感、配慮、信頼など、人間関係の情緒的結びつきによる支援
[②]	仕事を分担したり、看病したり、経済的に支援したり、直接的に行う支援
[③]	有益な情報を提供して、活用してもらおうとする支援
[④]	その人の考えや行動を認める支援

① [   ] ② [   ]
③ [   ] ④ [   ]

 問題2 次の文章で適切なものには○を、間違っているものには×をつけなさい。

①高齢者の人間関係で考慮すべきは、身近な人間関係の喪失である。[   ]
②「頼れる人がいなくなり1人きりの暮らしになること」に不安を感じる割合は、「本人と子の世帯」が、全体よりも高くなっている。[   ]
③「家族との人間関係に不安を感じる」割合は、「本人と子と孫の世帯」で高くなっている。[   ]
④「人（近隣、親戚、友人、仲間など）とのつきあいのことに不安を感じる」割合は、単身世帯で高くなっている。[   ]
⑤内閣府の調査によると、配偶者の役割が、「特に役割はない」「無回答」という回答は、女性より男性で高くなっている。[   ]

問題3 次の文章中の [ ] 内で正しいものを選びなさい。

①ストレスと上手につきあうには、[ア ポジティブ　イ ネガティブ]・シンキングが大切である。

②二者択一的にすべての物事を捉えてしまうことを、[ア 過度の一般化　イ 全か無かの思考] という。

③関係ないできごとも自分に責任があるように判断することを、[ア 自己関係づけ　イ 感情的判断] という。

 問題4 次の文章のうち、情動焦点型コーピングの例として適切なものを 1 つ選びなさい。

①老人会でメンバーとの人間関係が悪化して悩んでいたが、機会を捉え、仲直りし、悩みが解消した。

②踊りの発表会であがりそうになったが、曲を思い浮かべてリハーサルをしたら、気分が楽になった。

③小さいミスをして気分が落ち込んでいたので、仲間とカラオケに行ったら元気が出てきた。

④仕事量が多くて心身の調子を崩したので、上司に相談して仕事量を減らしたら、回復した。

Step1 Check Answer

ストレスと上手につきあう方法
理解度チェック 解答と解説

問題1
①情緒的支援
②道具的支援
③情報的支援
④評価的支援

高齢者では、配偶者や友人との死別で人間関係が失われてしまっていることもあるので、それを補ったり代わりとなるような情緒的支援が重要です。

問題2
① ○ 親密な人間関係が喪われることからくる孤独などのストレスを考慮しなければなりません。
② × 「夫婦2人世帯」で高くなっています。
③ ○ 子や孫と同居している人は、近隣や仲間よりも、顕著に、家族との人間関係に不安を感じています。
④ ○ 単身世帯は、人間関係に不安を感じている割合が高いといえます。
⑤ × 男性よりも女性で高くなっています。

問題3
① ア ネガティブな思考や言葉は、負のサイクルにはまり込んでしまいます。何ごとも前向きに捉えることが大切です。
② イ 過度の一般化とは、「結局、○○だ」とすべてのできごとを1つの解釈に一般化してしまうことをいいます。
③ ア 感情的判断とは、自分の感情から、できごとの意味や是非を判断してしまうことをいいます。

問題4

③

情動焦点型コーピングとは、不快な情動のコントロールを目的とする対処法で、問題を回避したり、感情を発散させたりするものです。
①、②、④は、問題解決を目的とする問題焦点型コーピングの例です。

Step 2
ライフスタイルを見直してストレスに強くなる

ライフカルテを作成して、ストレス・マネジメントの視点から、現在の生活を見直し、ストレスに強くなるための生活習慣改善の目標を設定します。

キーワードは"リズム"と"バランス"

ライフスタイルが乱れることで、心身に負担がかかりストレスが生まれます。そうすると、ストレスと生活習慣の乱れが蓄積し、生活習慣病という形で表に現れてきます。このように、ライフスタイルの乱れとストレスとは密接にかかわっているのです。

改善するためのキーワードは"**リズム**"と"**バランス**"にあります。

本来、人間は一定の**リズム**の中にいると安心します。リズムの狂った調子はずれの音楽を聴いていると、なんだか気分が悪くなったり、イライラしてくることはありませんか？ 変化は時にはいいものですが、変化ばかりで落ち着くひまがないという状況では、到底ストレスは解消されません。

また、**バランス**も人間が生きていく上で欠かすことができません。私たちの身体は体内のバランスを保つようにできています。たとえば、暑ければ汗をかく、寒ければ鳥肌が立つ、そうやって常に身体の体温調節をしています。同じように、ストレスに対しても、心はバランスをとろうと必死になっています。意識的に自分の生活のバランスをとることで、心の働きを支えることが大切なのです。

リズムとバランスの中心となる食事

　生活が乱れたり、体調を崩すと「三度三度の食事をきちんと摂れていますか」と聞かれます。三度の食事を摂ることでライフスタイルが改善されるのか？　と疑うかもしれませんが、これが意外に効果的なのです。三度の食事を摂るとは朝・昼・晩と起きて、きちんとした社会生活を送れる状態にあるということで、それだけでも精神衛生上好ましいことなのです。また、食事も栄養のバランスがとれていればいいというものではありません。1人で食事をすることがバランスのいいことでしょうか。バランスがとれているとは、平衡感覚というよりは**自然な状態**と理解したほうがいいでしょう。食事は楽しく、あれこれと話しながら摂ること、これが自然な状態なのです。

リズムとバランスのある生活への見直し

　高齢者は退職や、更年期障害などを抱えて、環境面でも体調面でも**リズムとバランスを崩しやすい時期**を経験します。男性なら、退職後に生活は一変するはずですし、女性も、配偶者のライフスタイルの変化に引きずられるようにして、生活のリズムを崩していくものです。さらに、若いころとは違って体力も衰え、老化に伴う衰えや、さまざまな病気を抱えるようにもなります。今までのようには容易にリズムとバランスを維持できなくなることが増えてくるでしょう。また、配偶者との別れなど、避けがたい現実に遭遇することも遠くないことです。残された者の生活リズム、心のリズムは大きく狂わされることが想像されます。高齢者がそうした状況下にあるからこそ、自分自身ももちろんのこと、家族全員がちょっとした注意を払ってあげることが重要になってくるのです。

　ライフカルテの書き方をよく学び、どのような点に注意して高齢者の生活を見ていけばいいのかを頭に入れておいてください。

高齢者と家族のライフカルテを作成する

ライフカルテとは

ライフカルテとは、心身の健康管理のために、自分の生活を、特にストレス・マネジメントの視点から見直すためのものです。

自分の生活や考え方、感じ方を書き出すことによって、自分自身を見直し、生活改善の手がかりとします。

ライフカルテのポイントは、**ストレス・マネジメント・チェック表とストレス分析シート**をもとに、現在の状況（問題点、改善したい点）、生活環境（家庭環境や現在のライフスタイル）、生活背景（学歴、職歴、既往歴）、ストレスに対するマネジメント能力（個人の対応力、サポート・システムの有無など）を分析することです。

ストレス・マネジメント・チェック表の記入

ストレス・チェック（Step2-4参照）とストレスへの適応能力テスト、生活のバランスチェックが含まれています。ストレス適応能力テストは、その人の持つストレスに対する強さを見ることができます。生活習慣のチェックテストは、生活パターンを簡単に振り返ることができるようになっています。

【ストレスへの適応能力テスト】

以下のあてはまる項目の数で、ストレスに対する強さ、力をみます。

①	仕事や学校以外にも人間関係がある。	

② 自分が疲れたと思ったら、無理をしないようにしている。
③ 失敗しても、そこから何かを得ようと考えることができる。
④ 何でも話すことができる人間関係がある。
⑤ どんなものでも、所属している集団、グループがある。
⑥ 休日は趣味や余暇で充実した日を過ごしている。
⑦ 自分のよさをわかってくれる人がいる。
⑧ 人から楽天的と言われる。
⑨ 自分を必要としている人がいる。
⑩ 体力的にも精神的にも自分の限界がわかっている。
合計

8以上：強い方	5～7：平均的	4以下：弱い方

【生活習慣のチェックテスト】

　以下のあてはまる項目の数で、生活のバランスをみます。

① 毎日15分以上は歩いている。
② 自分が疲れていることに早めに気づくことができる。
③ 1日3食、ほぼ決まった時間に食べている。
④ 朝起きた時に、「よく寝た」と思える。
⑤ 身体を動かすことが好きで、週1、2回は運動をしている。
⑥ 休息時間は十分に取れていると思う。
⑦ あまり偏食しない。
⑧ 寝つきはいい方である。
⑨ 毎日の起床時間はほぼ同じである。
⑩ 人と一緒にご飯をおいしく食べることができる。
合計

8以上：健康的な生活	5～7：平均的	4以下：バランスの崩れ

ストレス分析シート

記載日　　　年　　月　　日

A ストレス状況

B ストレス反応

身体の反応

不眠　睡眠過多　食欲不振　食べすぎ飲みすぎ　胃もたれ　胃痛
便秘　下痢　頭痛　高血圧　動悸　不整脈　肩こり　腰痛
背中の痛み　息苦しさ　過呼吸　その他（　　　　　　　　）

心の反応

落ち込み　イライラ　怒りっぽい　不安感　緊張感　無気力
なげやり　やる気が出ない　悲観的思考　否定的思考
集中できない　自分を責める　他人を責める　楽しめない
おもしろくない　寂しい　人恋しい　引きこもる
誰にも会いたくない　その他（　　　　　　　　）

C サポート・システム

D ストレス解消法

ストレス分析シートの記入

　ストレス状況、ストレス反応、サポート・システム、ストレス解消法を書き出します。それによって、高齢者や家族が現在置かれている**状況を客観的に把握する**ことができます。このシートは、半年に1回ぐらい記入し、高齢者や家族が置かれている状況が、どのように改善されているかを知るためにも使うことができます。

ライフカルテを記入する

　高齢者や家族の**ストレス・マネジメント**のために書くのですから、高齢者や家族が抱えるストレスの原因に関する情報、ストレスに対処するために役立ちそうな情報をできるだけ多く書くことがポイントです。

A．現在の状況

　生活の中で問題だと思っていること、課題、改善したいことなどを書きます。ストレス分析シートの〈ストレス状況〉を参考に書くとよいでしょう。できるだけ**具体的**に書くことがポイントです。

B．個人と生活環境

〈個人のパーソナリティ〉

　その人の性格、物事の考え方などの特徴を書きます。

〈家族構成、および家庭環境〉

　同居している家族を中心に書きます。家庭環境は、住宅事情や、住んでいる地域、誰が働いているのかなどの情報を書きます。

〈現在のライフスタイル〉

　普段の生活がどんなものであるかを書きます。どのような時間帯に外出するか、平均的な睡眠時間、タバコやお酒の量、休日の過ごし方などです。

C．生活背景
〈学歴・職歴〉
　最終学歴、職歴、免許や資格を書きます。
〈既往歴〉
　治療中も含め、今までにかかった大きな病気を書きます。

D．ストレス・マネジメント能力
〈ストレス状態〉
　ストレス・マネジメント・チェック表をもとに、現在のストレス状態を書きます。
〈対応力とサポート・システム〉
　ストレスへの適応能力テストとストレス分析シートの〈サポート・システム〉を参考に、ストレスに対しての強さがどの程度か、ストレスに対処するための人的資源があるかを書きます。
〈認知の修正〉
　ストレス・マネジメントのために「認知の修正」が必要かどうか、どのような修正が必要かを書きます。
〈コーピング・スキル〉
　情動焦点型コーピング、問題焦点型コーピングのどちらを使う傾向にあるか？　具体的には、どのようなコーピングを使っているか？などを書きます。
〈その他の情報〉
　その他、ストレス・マネジメントに関係あると思われることを書きます。たとえば、興味のあること、趣味やボランティア、宗教、夢などです。

　高齢者や家族（あるいは自分）のライフカルテを書いてみて、感想はいかがですか？　そこに記されるべき人の**強み**、**弱み**、**足りない部分**など、気づいたこと、考えたこと、感じたことを、備考欄に書いてみましょう。

ライフカルテ

フリガナ	生年月日		性別	職業
名前	T・S・H 年　月　日			
住所		電話		
		携帯電話		
緊急連絡先1		緊急連絡先2		

A 現在の状況（問題点、課題など）

B 個人と生活環境

パーソナリティ

家族構成

家庭環境

現在のライフスタイル

C 生活背景

学歴・職歴

既往歴

D ストレス・マネジメント能力

ストレス状態

対応力とサポート・システム

認知の修正

コーピング・スキル

その他の情報

備考

Step 2-2
1週間の生活リズムとバランスをチェックする

リズムとバランスのある生活

　リズムとバランスという点から、高齢者や家族の生活を見直してみましょう。ストレスに強くなるためには、リズムのある生活、つまり規則正しい生活と**仕事・食事・睡眠・運動・趣味**のバランスがとれている生活が重要です。

1週間の行動記録表をつける

　1行目には、その日の起床時間と就寝時間、睡眠の状態と体調を記入します。
　午前中と午後に分けてその日の行動（時間や場所、外出したら目的と時間、外食したらその時間、帰宅時間、など）を記入します。
　感想・備考欄には、行動をした後の感想や行動の評価を記入します。
　食事の欄には何を食べたか、簡単に記入します。
　これを1週間続けます。
　1週間を振り返って、いくつかの面から高齢者の生活を評価します。
　行動記録表は、ふだん意識していない自分の日常生活を書き出すことで、**自分の生活パターンを見直す**手助けとなります。また実際に生活パターンを修正していくときにも、引き続き記録していくことで、どのくらい目標が達成されたかを評価する手段ともなります。活用してください。

1週間の行動記録表

月 日( )	起床	就寝	睡眠	体調
AM 行動			感想・備考	
PM 行動			感想・備考	
食事 朝		昼		夜

月 日( )	起床	就寝	睡眠	体調
AM 行動			感想・備考	
PM 行動			感想・備考	
食事 朝		昼		夜

月 日( )	起床	就寝	睡眠	体調
AM 行動			感想・備考	
PM 行動			感想・備考	
食事 朝		昼		夜

1週間を振り返って

睡眠・休息

体調

食事・食欲

仕事・家事など

その他

メリハリのある生活を心がける

リズムのある生活とは、**メリハリのある生活**です。仮に家にいることの多い高齢者であっても、ONとOFFのスイッチを上手に切り替えましょう。

1日の予定を立て、スケジュール化することで気持ちに張りが出てくるかもしれません。休憩時間は何ものにもとらわれずにゆったりと休むなど、緊張と弛緩を作ることです。

運動、仕事、睡眠、休息、食事のバランスを保ち、心と身体にとって健康的な生活を送れば、日常的なストレスの多くは解消されていくものです。忙しくてイライラしたり、暇な時間がありすぎて、考えすぎや心配ごとで胃や頭が痛んだりしたときは、特に生活のリズムを崩さないように心がけることです。

がんばりすぎると、結局どこかに無理が出ます。疲れているときは休み、気分転換をした方が仕事や作業の能率も上がります。自分の心の声、身体の声をよく聞いて、自分のペースを守ることです。

睡眠

70歳以上の高齢者の3人に1人が、睡眠不足に悩んでいるといわれています。人間の睡眠は体内時計によって制御されています。体内時計は夜と昼を区別し、睡眠と覚醒だけでなく、血圧や呼吸数、ホルモン分泌といったことなども調整しています。加齢とともにこの**体内時計の働きが低下**してきます。そして、昼と夜を区別するメカニズムに狂いが生じます。本来眠りに入る時間になっても体内時計が適切に機能せず、睡眠障害を起こしていると考えられています。

高齢者の**社会的役割の喪失**なども、体内時計を狂わせる原因の1つになっています。何もすることもなく、昼間からうとうとしていると

体内時計は狂ってしまうことになります。当然、夜になっても眠気はやってこないのです。高齢者の睡眠障害は**昼間の活動**を活発にすれば、ある程度回復させることができます。とくに太陽の光は、体内時計の調節効果があるため、決まった時間に日光浴をするだけでも、ぐっすりと眠れるようになることがあります。

　一度乱れてしまった睡眠リズムを戻すために、時には薬を使うことも必要です。日常の過ごし方を含めて、専門医に相談しましょう。

食事

　偏った食事や不十分な食事、不規則な食事は、ストレスに対する抵抗力を弱めてしまいます。食欲も健康状態を知るバロメーターです。

　高齢になると、摂取する食品や献立にバラエティがなくなり、食べやすい**糖質中心**の食事となる傾向にあります。

　栄養のアンバランスが起こったり、味覚の低下から、濃い味を好むようになり、塩分の摂取量が多くなります。咀嚼・嚥下がしづらくなり、自然と堅い物や繊維の多い物を避け、あっさりした淡泊なものを好むようになり脂質の量が減ります。

　高齢者は一般的に、**良質たんぱく質・脂溶性ビタミン・鉄・カルシウム・必須脂肪酸・食物繊維**などが不足がちとなり、栄養のバランスを損ねることになります。栄養的にもバランスのとれたものをいただき、ストレスから身を守ることをお勧めします。

　さらに、食事は単なる栄養補給ではありません。誰かとだんらんしながら、おいしさを味わい、リラックスする場でもあります。そのような面からも食生活を見直す必要があります。

趣味や生きがい

生きがい、**心のゆとり**も大切です。心が豊かであれば生活も豊かになりますし、ストレスに対しても、それだけ対処方法が増えます。自分なりのリラックス方法、ストレスから抜け出す手段を見つけてください。

レクリエーションを楽しんでいるときは疲れもしないし、ストレスも感じないでしょう。しかしいくら時を忘れるほど楽しい娯楽でも、無理をしすぎてはいけません。「若いころはもっとできた」というのは、もはや現実的ではありません。「一病息災」なんて言葉があるように、身体の不具合をいたわるようにして、少し控えめに楽しむくらいが心身の健康にはちょうど良いのです。

男性は今までやったこともないような家事を、奥さんと一緒に楽しんでみるのも楽しいでしょう。

何ごとも、入れ込みすぎるのは良くないことです。バランスよく、適度に、そして**長く続けられるもの**を見つけましょう。

軽い運動

散歩や**軽い運動**は、心身の健康を保つために大切です。身体を十分に動かさないと、それ自体が身体にとってのストレスとなるのです。1日15分程度は体を動かしたいものです。その人に合った身体を動かす方法、運動などを見つけましょう。

体調管理

体調が優れないと気も滅入るものです。気が滅入ればさらに体調が悪くなります。**負のサイクル**にならないように気をつけましょう。

身体が弱って、抵抗力が落ちていると、さまざまな病気にもかかりやすくなります。体調を万全にし、気分をリフレッシュさせれば、ストレスへの抵抗力も高くなります。自分の**体調に敏感**であることが大切です。少し疲れているな、身体が本調子ではないなと思ったら、早めに休むようにします。疲れたときに出やすい症状には、頭痛、めまい、胃痛、吐き気、下痢、便秘などがあります。疲れたときどんな症状が出やすいのかを知っておき、**体調のバロメーター**にしましょう。

Step 2-3

高齢者と家族の生活スタイルを見直す

問題解決のための目標と課題

　高齢者と家族の生活を振り返り、問題点、改善したいところが出てきたら、次のステップは**問題解決のために何ができるのか**を考えることです。

　ここでは、問題解決のための目標と課題評価シートを使います。

問題点・課題

　高齢者の生活の中で、改善したいと思っている問題点を記入します。長期的なものでもかまいませんが、漠然とではなく、できるだけ**短期目標**が立てられるような形で書いてください。

　たとえば「人前で話すのが苦手でストレスを感じてしまう。次の○月○日の町内会で発表しなければならないので、その場であまり緊張しないで話せるようにしたい」などのようにです。

目標

　課題に対して、**1～2週間以内に達成できる見通し**がある短期目標を設定します。非現実的な目標は避け、これならがんばれば何とかできるかな、というくらいの目標にします。

　たとえば、「発表するための原稿を書く」「息子に原稿チェックをお願いする」「リラクゼーションを毎日10分間やってみる」「うまく話そうと思わない」などのように記入します。なるべく一目で内容が把握

できるように、**箇条書き**のように短くまとめていくといいでしょう。

方法

　目標を達成するための方法を記入します。
「〇日までに原稿を書く。必要な資料もチェックしておく」「息子にお願いしてみて、OKなら×日に渡す」「腹式呼吸によるリラクゼーションを寝る前にやってみる。それから何かの本番前にもやってみる」「"うまく話そうと思うな"という紙を書いて、原稿と一緒に持っていく。焦ってきたらその紙を見るようにする」などのように、できるだけ**具体的**に、そして**現実的**にできそうな目標を書きます。

評価・評価日

　評価は、5段階でつけます。自分自身の評価でもいいですし、他の人に評価をお願いしてもいいでしょう。
　記載日から**1〜2週間前後**で、一度課題を評価した方がいいでしょう。

感想・備考

　目標を立て、考えた方法を実行してみて、どうだったかを記入します。
　たとえば「原稿を書いてみたが、本番中に見る余裕はなかった。でも一度書いたことで、内容はだいぶ頭には入っていたので、前と比べればずいぶんまともに発表することができたと思う」「息子がいろいろ言ってくれてよかった」「忘れてできないことの方が多かったが、それでも進歩したと思う」「紙に書いて一緒に持っていたのはよかった」などです。

全体の評価、次回のステップに向けて

　次に、目標を立てるときの参考になるように意識して書きます。

　たとえば、「今回、原稿を書いてみて、それをその場で読むのは難しいと思った。しかし書くと内容は頭に入るので、緊張しながらも何を話していいのかわからなくなることはなかった。次回はポイントを箇条書きにしたものを用意した方がいいのかもしれない。リラクゼーションは毎日続けないと、いざというときに忘れてしまうので、これからも続けたい」などです。

高齢者のライフスタイル

　高齢者のライフスタイルを考える場合、**規則正しい生活をしているかどうか**が重要であることを覚えておきましょう。心と身体の健康のためには、生活のバランスがとれていることも大切です。特に、定年や１人暮らし、あるいは家族との同居などの変化を迎えた後、どのように生活のリズムを変えてバランスを保っていくかが、大きな課題となります。そのような観点から高齢者の生活パターンを見直していきましょう。

　ストレス・マネジメントの原則は**自分を大切にすること**です。こんなふうにいうと自己中心的と思われがちですが、自分を大切にできない人には、本当の意味で他人を大切にすることはできないのです。自分を大切にすることは、人を大切にすることでもあるのです。自分なりの方法で、自分を大切にする方法を見つけられるようにサポートしてあげてください。

基本型をマスターしよう

　ここで紹介したストレス対処法は1つの基本形態です。何事もそうですが、基本の形を身につければ、後は自分仕様に変えていくことができます。ケアをする高齢者の性格、生活環境などに応じて、自由にわかりやすくなるように変更していけばいいのです。目的は**ストレスからの解放**であって、聞き取りデータをつくり上げることではありません。まずは、この基本形態を徹底的にマスターしましょう。

問題解決のための目標と課題評価シート

記載日　　　年　　月　　日

A 問題点・課題

B 目標と方法、評価

目標	方法	評価日	評価	感想・備考

※評価　1：全くできなかった　2：少ししかできなかった　3：まあまあできた
　　　　4：よくできた　5：大変よくできた

C 全体の評価、次のステップに向けて

ストレス・マネジメント・チェック

Step 2-4

ストレス・マネジメント・チェックを行う

次の各項目で「はい」か「いいえ」で答えてください（「はい」のうち、特に気になるものにチェックを入れてください）。

	項目 （M：心の反応　B：身体の反応）	はい	いいえ	特に気になる
1	なかなか眠れないことがある（B）			
2	やる気が出ないことがある（M）			
3	以前から持病があり気になる（B）			
4	肩こりが気になる（B）			
5	胃腸の調子が悪い（B）			
6	他の人より遊んでいないほうだと思う（M）			
7	気をつかうことがあって疲れている（M）			
8	ちょっとしたことでも思い出せないことがある（B）			
9	時々、めまいや動悸、不整脈が起こる（B）			
10	休日、外出しようと思うが面倒になってやめてしまう（B）			
11	やるべきことがあるのに、よく怠けてしまう（B）			
12	最近何かに熱中することがなくなってしまった（M）			
13	弱気になってしまい、思うように行動できない（M）			
14	不安でたまらなくなり疲れてしまうことがある（M）			
15	自分は人から好かれない方だと思う（M）			
16	時々息苦しさを感じる（B）			
17	自分はどちらかというとマイナス思考だ（M）			
18	最近いろいろなことに興味を持つことが減った（M）			
19	自分は普通より性格が暗いほうだ（M）			
20	眠りが浅いので疲れやすい（B）			
21	何となく元気が出ないことがある（B）			

22	最近疲れがたまっている（B）		
23	朝起きられなくて困っている（B）		
24	肝心なときに心が動揺してしまう（M）		
25	頭痛で悩んでいる（B）		
26	自分はスタイル（体型）が悪いので気になる（M）		
27	もっと体調を良くしたい（B）		
28	もっと気楽になれたらなと思う（M）		
29	人前で緊張して困ることがある（M）		
30	今より自分に自信が持てると成功すると思う（M）		
31	仕事（学校）・家事が好きではない（B）		
32	根気がないので成功できない（M）		
33	肉体よりも精神的に疲れる（M）		
34	食事をしてもおいしいと思わない（B）		
35	話をしても楽しくない人が多い（M）		
合計			

Mの数 [　　] 　Bの数 [　　]

結果の見方

「はい」の数によって、ストレスの度合を測ります。

「はい」の数	ストレスの度合い
0〜9	ちょうどいい程度のストレス。上手にストレス解消をしていると思われます
10〜19	黄色信号のストレス。早めに休息を取り、上手にストレス解消をしていく必要があります
20〜29	赤信号のストレス。心身ともに、かなりきつい状態のようです。放っておくと心身に支障をきたします。今の状況を変え、ストレスに対処する必要があります
30〜35	危険信号のストレス。もうすでに、心身になんらかの影響が出ているでしょう。専門的なケアも考える必要があります

また、心の反応Mが18個中いくつあるか、身体の反応Bが17個中いくつあるかで、ストレスの現れ方をみます。

「特に気になる」に○をした項目を注意してみましょう。

ストレスを分析する

○ストレス状況は

どのようなことがストレスを引き起こしているのか？ 何が問題なのか？ どの程度の問題なのか？ 状況は悪化しているか？ などを、できるだけ具体的に記入してください。

・・
・・

○ストレス反応は

ストレス・チェックで「特に気になる」に○をつけた項目を参考にします。その他、気になっている症状を書いておきます。

身体の反応

不眠／睡眠過多／食欲不振／食べすぎ飲みすぎ／胃もたれ／胃痛／便秘／下痢／頭痛／高血圧／動悸／不整脈／肩こり／腰痛／背中の痛み／息苦しさ／過呼吸
／その他（　　　　　　　　　　　　　　　　　　）

心の反応

落ち込み／イライラ／怒りっぽい／不安感／緊張感／無気力／なげやり／やる気が出ない／悲観的思考／否定的思考／集中できない／自分を責める／他人を責める／楽しめない／面白くない／寂しい／人恋しい／引きこもる／誰にも会いたくない
／その他（　　　　　　　　　　　　　　　　　　）

◯サポート・システムは

どのような人たちから、どのような支援を受けているか、また、期待できるか、整理して記入します。

....
....

◯ストレス解消法は

どのような行動・活動がストレス解消になっているか記入します。

....
....

◯問題解決のための目標設定

問題・課題が複数あるときは、優先順位をつけます。

....
....
....
....
....
....
....
....

Step2 ライフスタイルを見直してストレスに強くなる
理解度チェック

 問題1 次の文章の [　　] にあてはまる語句を、下記の語群から選びなさい。

[　　] とは、心身の健康管理のために、自分の生活を [　　] の視点から見直すためのものである。[　　] と [　　] をもとに、現在の状況、生活環境、生活背景、ストレスに対するマネジメント能力（個人の対応力、[　　] の有無）などを分析する。

> **語群**
> ①ストレス・マネジメント　②ソーシャル・サポート　③ライフカルテ　④ストレス・マネジメント・チェック表　⑤ストレス分析シート　⑥行動記録表

 問題2 次の文章で適切なものには○を、間違っているものには×をつけなさい。

①ストレスと睡眠はあまり関係ない。[　]
②高齢になると、たんぱく質中心の食事となる傾向がある。[　]
③ストレスには、趣味に没頭することが最も有効である。[　]
④軽い運動は、ストレス解消に有効である。[　]
⑤疲れたなと感じたときは、早めに休む。[　]

 問題3 次の文章中の [　　] 内で正しいものを選びなさい。

①改善したいと思っている問題点は、[ア 漠然と　イ 具体的に] 記入する。

②［ ア 短期目標　イ 長期目標 ］とは、1〜2週間で達成できる見通しがある目標である。
③目標は［ ア 理想的な　イ 現実的な ］ものとする。
④評価は、［ ア 課題が達成できれば行わない　イ 1〜2週間前後で行う ］。
⑤ストレス・マネジメントの原則は、［ ア 自分　イ 他人 ］を大切にすることである。

問題4 次の文章は、ストレス・マネジメント・チェック表のチェック項目です。心の反応と身体の反応をそれぞれ選びなさい。

①不安でたまらなくなり疲れてしまうことがある。
②やるべきことがあるのに、よく怠けてしまう。
③肩こりが気になる。
④もっと体調を良くしたい。
⑤人前で緊張して困ることがある。
⑥話をしても楽しくない人が多い。

心の反応　［　　］［　　］［　　］
身体の反応　［　　］［　　］［　　］

Step2 Check Answer

ライフスタイルを見直してストレスに強くなる
理解度チェック 解答と解説

問題1

[③]とは、心身の健康管理のために、自分の生活を[①]の視点から見直すためのものである。[④]と[⑤]をもとに、現在の状況、生活環境、生活背景、ストレスに対するマネジメント能力（個人の対応力、[②]の有無）などを分析する。

③ライフカルテ
①ストレス・マネジメント
④ストレス・マネジメント・チェック表
⑤ストレス分析シート
②ソーシャル・サポート

ライフカルテを作成することで、自分自身を見直し生活改善の手がかりとすることができます。

問題2

① × 体内時計の働きが低下し、不眠や睡眠不足を訴える高齢者は多いです。
② × 高齢になると、食べやすい糖質中心の食事となる傾向があります。
③ × 何ごとも入れ込みすぎるのは良くないことで、バランスよく適度に行います。
④ ○ 軽い運動は、心身をリフレッシュさせます。
⑤ ○ 悪化させないように、早めに対応することが大切です。

問題3

① イ 短期目標が立てられるよう、具体的に記入します。

② ア 短期目標は、行動目標となります。
③ イ 具体的に実現可能な目標を設定します。
④ イ 一定期間経過後に、必ず評価を行います。
⑤ ア 自分を大切にすることが、他人を大切にすることにもつながります。

問題4

心の反応 ［①］［⑤］［⑥］
身体の反応 ［②］［③］［④］

Part3

高齢期におけるコミュニケーション

Step 1

高齢者の人生経験と老化に配慮した人間関係の構築

　高齢者は、難聴などの老化により、コミュニケーションに不自由さを感じながらも、人生経験によってそれを補い、長く生きてきたことにプライドを持っています。自尊心に配慮した対応が求められます。

1人の個性として尊重する

　高齢者には長年暮らしてきた経験があります。その経験が身体の老化による不自由さを補っています。経験とはすばらしいものです。高齢者を人生経験の偉大なる先輩として、**尊敬する気持ち**を忘れてはいけません。

　認知症などにより、言語コミュニケーションが困難になっていても、その姿勢は守られなければなりません。

　高齢者の考えていることを知ろうとするのなら、決して威圧的な態度をとったり、命令口調にならないようにする必要があります。逆に、幼児に接するかのような口調にならないように気をつけなければなりません。

　1人の人間として、**個性を尊重したコミュニケーション**が求められます。

高齢者の難聴という現象を理解する

　基本的に押さえておかなければならないことは、歳をとると耳が聴こえづらくなる現象があるということです。

　歳をとれば、ほぼ誰でも難聴になります。女性よりも男性のほうが

聴力は衰えやすくなるといわれています。また、音の聴き取りだけでなく、言葉の聴き取りも悪くなります。人の言葉の音域は中音域が大半ですが、この音域が聴き取りにくくなるまでは、難聴が自覚されません。音が聴き取りにくくなれば、会話の言葉の意味がわからなくなってきます。

したがって、高齢者と会話する場合は、**少し低めの声**で**ゆっくり**と、言葉を**はっきりと発音**し、大声を出さずに近づいてやさしい声で話すようにしてあげることが大切です。

高齢者にとって「話しやすい人」「話しにくい人」がどのような人かといえば、まずこうした、自分の身体的な衰えを気遣い、補ってくれる人があげられます。そのことを踏まえた上で、話を進めていきましょう。

高齢者の状況に合わせる

積み重ねた経験はその経験の良し悪しによって、人の性格さえ変えます。高齢者とのコミュニケーションでは、そうしたことも考慮しなければなりません。言語以外の、あるいは言葉の裏側にあるさまざまなサインを読み取ることも大切です。

最善のコミュニケーション、などというものはありません。

昨日はうまくいった手法が今日は受け入れてもらえない、ということも頻繁にありえます。

コミュニケーションの手法は手法として身につけることはいいことですが、高齢者と誠心誠意、正面向き合ってつきあうことが、何よりも大切なことだといえるでしょう。

高齢期の特徴とコミュニケーション

高齢者の心

　高齢者の精神構造を一概に規定することはできません。青少年の場合は学校生活によって生活環境や生活リズムがほぼ似てくるために、大きくまとめて論じることができますが、高齢者はそういうわけにはいきません。

　成長に伴って精神の不安定さを見せる青少年に比べ、高齢者は老化に伴って**精神的な安定を崩していく**ことになります。

　しかも、年代によって、あるいは老化の進行度によって様相が違いますし、長年の生き方によっても精神構造に大きな違いが生じるものなのです。

　こうした高齢者の背景を勘案しながら、心のうちを探り、ストレスから解放される方法、あるいはストレスを和らげる手段を見つけるためにもコミュニケーションが大切です。

　一般的に、高齢者の**最大の不安**は、「自分の健康のこと」、そして「配偶者の健康のこと」だといえるでしょう。年齢を重ねるにつれて、その不安は増すばかりで、若い人たちには簡単に理解し得ないストレスの理由となっています。高齢者のそうした心の問題を、少しでも理解しようとすることが、コミュニケーションをうまくとる秘訣です。

高齢者という立場に立って理解する

　できるだけ高齢者に話をしてもらい、相手の立場に立って問題を考えます。自分にとっては「たいしたことない」ことでも、相手にとっ

ては「たいしたことである」のかもしれません。また「自分ならこうする」ということは、必ずしも相手の状況や能力に合っているわけではありません。相手の置かれている状況や能力に合わせたものの見方をすることが大切です。

高齢者という立場は、家族や介護者がまだ経験していないことであれば、推測するのが難しい部分があるかもしれません。しかし、できるだけ「もし自分が同じ立場に立たされたら、どんな気持ちになるだろうか？」「自分なら何をしてほしいと思うだろうか？」といったことを考えるようにします。そして、年長者に対する**尊敬の念**を忘れないようにしてください。

必要以上に高齢者扱いしない

相手を**必要以上に高齢者扱いしない**ことも重要です。

不用意に「おじいちゃん」あるいは「おばあちゃん」などと言うと「私はあなたのおじいちゃんではない」「おばあちゃんなんて言われる年ではない」などと、反発を招きかねません。

親近感のある言葉のように思われますが、こう呼ばれることを嫌う高齢者は、結構多いものです。きちんと**名前**で「佐藤さん」「山本さん」などと呼ぶ方がいいでしょう。

人は、精神よりも身体が先に年をとっていきます。「自分ではまだ若いつもりだった」という人はたくさんいるはずです。長寿高齢化社会では、精神もさることながら、身体も若々しい方がたくさんいます。へたに高齢者扱いをすると、逆に嫌われることにもなるでしょう。

幼児扱いしない

高齢者は、難聴で言葉が聴き取りにくくなっていたり、老化で理解

力や判断力のスピードが落ちていたり、認知症で理解力や判断力が低下していたりする場合があります。

　そのときに、あたかも幼児に言い聞かせるような言葉づかいをしたり、馴れ馴れしすぎる接し方をすることは避けなければなりません。失敗行動があったとしても、一方的に叱ったり、怒ったり、責めてはいけません。コミュニケーション能力が低下していたとしても、**自尊心や感情**は残っています。

　言動が子どもがえりをしているように見えても、高齢者は、"**コドモ**"ではありません。

"聞き上手"の姿勢

　より良いコミュニケーションを行うためには、"**聞き上手**"になることが重要です。

　コミュニケーションは一方的な意思表示ではありません。情報を受け取る相手がいてはじめて成立するものであり、双方向でやりとりが行われます。自分ばかりが話すのではなく、相手の話をしっかり聞いて受け止める姿勢が大切です。「**話し上手は聞き上手**」なのです。

　相手の話にじっくりと耳を傾けて聴く姿勢を、傾聴といいます。**積極的傾聴**は、カウンセラーなどが対人援助を行う際に、必要不可欠の基本姿勢として重要ですが、日常の人間関係にも活用したい姿勢です。介護する側と介護される側の関係を良好なものにするためにも、重要です。

雰囲気づくり

　より良いコミュニケーションを行うためには、**雰囲気づくり**などの外的な条件も重要です。カウンセリングや相談面接を、どこで行うの

か、イスや机などの配置、周りの環境、話し手と聞き手の距離、聞き手側（カウンセラー、援助者）の服装なども、コミュニケーションのあり方を左右する要素となります。

高齢者が話しやすい雰囲気づくり

　特に高齢者の話を聴くときには**ゆったりとした雰囲気**をつくるように気をつけます。高齢者にとっては、じっくりと話を聴いてくれるという姿勢を見せることが大切なのです。

　姿勢は、身を乗り出すように聴いていれば「あなたの話に興味があります」というメッセージになります。しかし、腕や足を組むのは相手を受け入れない態度であるとされています。ペンや腕時計など小物をいじっているのは、手持ち無沙汰で、飽きている状態を示します。こちらがこのような態度をとらないように気をつけると同時に、高齢者の姿勢にも注意します。

高齢者の話を積極的に聴くためのテクニック

積極的傾聴の姿勢

積極的傾聴には、次の3つが必要です。

①誠実さ	思っていることと言動に矛盾がないこと（自分自身にウソをつかないこと。口先だけで「いいね」「そうですね」と言うのは誠実さに欠ける態度です）
②受容	相手のありのままを無条件に受け入れること
③共感的理解	相手の立場に立って理解し、それを示すこと

SOLER理論

他者とうまくかかわるための基本動作として、次の5つがあげられます。
- S（Squarely）：真正面から向き合う
- O（Open）：開いた姿勢を示す
- L（Lean）：相手へ少し身体を傾けた姿勢
- E（Eye Contact）：適切に視線を合わせる
- R（Relaxed）：リラックスして話を聞く

英語の頭文字をとって「**SOLER（ソーラー）理論**」と呼ばれます。

コミュニケーションを促す場面づくり

相手に対する座り方には、正面に座る**対面法**と、90度の角度で座る**直角法**があります。一般に、対面法の方が緊張感が増すので、相手と

の関係性をつくる座り方としては、**直角法のほうが有効**であるとされます。対面法の場合は、適切に視線をそらす先として、机の上に花瓶などを置き、緊張感がやわらぐように配慮します。

腕を組んだり、足を組んだりする姿勢は、相手に威圧感を与えてしまうので、避けるようにします。

相手が座っているときは、立ったまま上から話しかけるのではなく、**目線の高さを合わせる**ようにします。高齢者が車いすに乗っている場合も、かがんで高齢者の目線に合わせることが必要です。

高齢者の話に集中する

人は歳を重ねるにしたがって、孤独をますます寂しく感じるものです。社会との関係性が薄くなった高齢者はとくに、必要以上に疎外感を感じるようになったりします。

話を聴く場合には、決して何かのついでにとか、他のことをやりながらという態度は避けてください。他のことをやりながらでは、人の話をきちんと聴くことができないですし、高齢者は、自分が軽んじられているように感じてしまいかねません。上の空で聞いていると、相手にはわかってしまうものです。

高齢者の話は、ともすると「同じ話の繰り返し」になりやすいので、聴く側も集中力を保たせるのに苦労することがあります。しかし「同じ話」であっても、高齢者にとっては**話すことに意味がある**のですから、「さっきも聴きましたよ」とすぐにさえぎってしまうのは良くありません。頃合を見て話題を変えていくような形にしましょう。

高齢者の話に興味を持つ

人は誰でも、自分に興味を持ってもらうことを好みます。孤独にな

りがちな高齢者はなおさらです。「いつもあなたのことを気にしています」という態度と、高齢者の話すことに興味を示すように心がけましょう。仮に、以前に聞いた話でも、すでに知っていることでも、「へえ、それで、それで」「○○さん、詳しいですね」などと返事をすることで、楽しく会話をしてくれるでしょう。

高齢者の話に先入観を持たない

　高齢になるにしたがって、人は物事を繰り返して思い出し、発言するようになります。そんなときに、「またそんなことを言っている」とか「それはこういうことでしょ」というように、高齢者の発言を制するような態度をとったり、先入観を持って話すようなことはやめてください。

　仮に高齢者が間違ったことを言っているなと思っても、まずは相手の気持ちを**肯定し、受け止め**ます。その高齢者にとっては、自分の言っていることは正しいのです。会話が続く中で、相手がこちらの言葉を聴ける状態になったときに、「本当にそうなのですか？」と、疑うのではなくもっと知りたいという言い方や、「こういう考え方もあると思いますけど？」と、高齢者の話に積極的に参加しているような言い方をします。

　高齢者は、今まで自分はこれで通してきたという自負がありますので、**批判や忠告には敏感**です。信頼関係ができていない場合には、特に気をつけましょう。

目線と姿勢

　高齢者の話を聴くときには、耳だけではなく**身体全体で聴き**、「あなたの話を聴いています」ということを態度で表します。態度というの

は、目線、うなずき（あいづち）、姿勢、しぐさなどです。さらに高齢者と信頼関係が築けてきたら、腕や肩、背中などに触れながら話を聴いてあげると、高齢者はとても**安心**します。ただし、人に触れられるのが嫌な人もいますので、その点は気をつけてください。

話を聴いているときに高齢者の目を見るのは、「ちゃんと聴いていますよ」というメッセージになります。また、自分の話を聞いているときの相手の目線にも注意します。こちらが話しているときに、あまり目を合わせてこないようならば、「その話は聞きたくない」というメッセージであるかもしれません。

目線を合わせて話すことは、高齢者に**不要な驚きを与えない**ことにもなります。よく、親切のつもりで高齢者の背後から「お元気ですね」とか「気分はどうですか」と声をかける人がいますが、そんなときは、たいていの高齢者はとても驚いてしまうものです。

高齢者の正面から、目線を合わせてゆっくり話せば、**安心感**を持ってもらうことができます。

高齢者のペースに合わせて

話のペースや声の調子は、高齢者と合わせることが大切です。早口で話す人もいれば、ゆっくりの人もいます。相手の話すスピードと同じぐらいだと、会話がスムーズに運びます。

楽しい話をしている時には声のトーンをあげ、真剣な話をしているときには抑え目に話します。高齢者と**波長を合わせること**を意識するといいでしょう。

Step 1-3

高齢者の話を引き出し、整理するためのテクニック

閉じられた質問と開かれた質問

　コミュニケーション技法の1つに、質問技法があります。必要な情報を相手から引き出す方法です。大きく、**閉じられた質問**と**開かれた質問**があり、状況によって使い分けます。

	閉じられた質問	開かれた質問
内容	「はい」か「いいえ」で回答できる 単語のオウム返しで回答できる	回答が決まっていない 相手の自由な表現を促す
例	「お住まいはどちらですか？」 「おいくつですか？」 「お茶を飲みますか？　それともコーヒー？」	「健康の秘訣は何ですか？」 「最近、興味があることは何ですか？」
長所	簡単に回答することができる	相手が自由に回答できる
短所	相手の表現を制限してしまう	回答につまってしまう場合もある

　傾聴のためには、一般に、**開かれた質問が有効**です。相手が混乱してしまっているときなどは、選ばれた閉じられた質問が効果を発揮します。

　話を始めるときや一定の情報を得るためには、閉じられた質問は有効です。しかし、これが延々繰り返されると、取り調べのような雰囲気になりますし、高齢者が本当に話したいことを話せなくなってしまいます。閉じられた質問は必要最小限にして、できるだけ開かれた質問をする方がよいでしょう。

　相手は自分の気持ちを話すことができ、しだいに話したいことを話

すようになります。コミュニケーションも表面的なものではなく、少しずつ内面的なものへと深めていくことができます。

さまざまなコミュニケーション技法

意図的にさまざまなコミュニケーション技法が用いられます。

相づち	相手の話を黙って聞くのではなく、話の腰を折らない程度に、適切な相づちをうつ 「話をしっかり聞いています」「もっと話を聞かせてください」というメッセージになる
繰り返し	相手の言った言葉を繰り返す 情緒面の反応の確認や本人の気づきを促す場合などに有効
言い換え	相手の言った言葉を言い換えて表現する 発言から相手の気づきを促す場合などに有効
感情の反映	表明されていたり、あるいは潜在的に持っているそのときの感情を、言葉にして指摘する 明確化ともいう
要約	これまでの話の要点をまとめて、内容の確認を行う 話の焦点を絞って整理し、問題点を明確化し、それを互いに確認することができる

相づち

高齢者の言葉に合わせて、その**内容と合った反応**を示すことが大切です。

- 肯定的：「そう」「うんうん」「なるほど」「そうですか」
- 先を聞く：「それで？」「それから？」「どうしたんですか？」
- 深く聞く：「どうしてですか？」「どうなっているのですか？」「あなたはどう思われますか？」
- 賛同：「そうですよね」「いいですよね」「私もそう思います」

- 驚き:「へー」「本当ですか?」「そんなこともあるのですねぇ」
- ほめる:「すごいですね」「たいしたものですね」「すばらしいですね」
- 祝福:「よかったですね」「おめでとうございます」「お幸せですね」

繰り返し

　相手の話している内容を時々、**繰り返して確認しながら聴く**と、こちらの熱心さが相手に伝わります。また、相手も「自分の言っていることを確かに理解してくれている」と感じることができます。
　まずは高齢者の言葉の一部を**オウム返し**にしてみましょう。
　たとえばこんな感じです。
　A「私はね、こう見えても昔、国体に出るほどのスポーツマンだったんだよ」
　B「へぇ、Aさんスポーツマンだったんですね、かっこいいですね!」
　慣れてきたら、高齢者の言葉を自分なりの言葉に置き換えて返します。「Aさん、アスリートですね!」などのようにです。タイミングは、話に一区切りついたところで繰り返すと効果的です。
　多くの高齢者は、この方法によって、安心感を得て会話を進めます。
　ただし、どうしても会話の進まない人もいます。そんなときには、繰り返し技法を少し工夫して、こんな風に話すようにしてみます。
　A「私はね、こう見えても昔、国体に出るほどのスポーツマンだったんだよ」
　B「へぇ、Aさんスポーツマンだったんですね、素敵ですね。それで何のスポーツをされていたのですか?」
　高齢者の語った内容に沿った質問を取り入れています。こうすることで、オウム返しのみではうまくいかなかった、会話のキャッチボールがどこまでも続くことになるわけです。

明確化

　話をしている途中で高齢者が言葉に詰まったとき、基本的には黙って次の言葉を待ちます。しかし、いつまでも言葉が出てこないと、話が進まず、高齢者もばつの悪い思いをします。しばらく待っても次の言葉が出てこないときには、高齢者の言いたいことを「〜ということですか？」などと、自分が相手の代わりに明確にすることも必要です。

　高齢者は、物忘れや思考能力の衰えがある場合があります。ですから口を添えてあげることで話がスムーズにできることもあります。

　明確化には認知レベルのものと、感情レベルのものとがあります。人名や名称など、ど忘れした言葉を、相手の代わりに言うことは**認知レベルの明確化**です。相手が自分の気持ちをどう表現していいかわからないときに、「こういう気持ちがしたのですね」と言うことは、**感情レベルの明確化**となります。

要約

　高齢者の話を一通り聴いたら、それまでの話を「つまりこういうことですね」と要約します。すると話し手と聴き手が、今の会話を**共通理解した**、という確認になります。

　高齢者の話が終わってすぐでないと要約のタイミングを外してしまいますから、相手の話の要点を押さえながら聴くことが必要です。要約して相手に返した内容が間違っていたら、こちらの信頼を失いかねません。だらだらと話をするのは好ましくありませんので、できるだけ簡潔に要点をまとめます。これには訓練が必要です。こちらがうまく要約して返すと、「そうなんです。私の言いたかったことは、そこなのです」と高齢者は納得し、そのコミュニケーションに満足することでしょう。

疎外感を感じさせない会話のためのヒント

リードの言葉

　話し始めは、高齢者も緊張している場合があります。そういうときには、状況を考えながらその場に適した、**答えやすい質問**をすると場がほぐれます。あらかじめ何かしらの話題や質問をいくつか考えておくのもいいでしょう。

　もし高齢者が自分に質問をしたときには、手短かに答えて、**同じ質問を相手に返す**といいでしょう。人は、自分が聞いて欲しいことを相手に聞くことがよくあります。

　話が始まったら、高齢者が話しやすいように、リードの言葉を入れていきましょう。リードの言葉は相手の話を促します。「それで……」「それで、あなたはどうされたのですか？」「そのとき、あなたはどう感じたのですか？」「それだけですか？」などです。また話の流れに沿った質問は、会話をスムーズに運ぶ手助けとなります。

効果的な質問のしかた

　必要な情報を引き出すために効果的な質問を行うには、質問者と回答者の間に、**十分な信頼関係**が築かれていることが重要です。「なぜ」「どうして」という聞き方は、繰り返されたり、畳み掛けるように行うと、相手が問いつめられているように感じることもあります。相手の言葉が出にくいときは、沈黙を避けて次々と話しかけるのではなく、相手が自分の言葉で話し出すのを待つことも必要です。

　相手の言葉が聞き取れなかったときは、そのまま適当に聞き流すの

ではなく、繰り返し聞いて内容を確認することも必要となります。よいコミュニケーションのためには、相手が言っていることを正確に聞き取り、理解することが重要です。上の空で話を聞いていませんでしたという態度は相手に対して失礼ですが、傾聴している中で、聞き取れなかったり、ちょっとわからなかったことを繰り返し聞くことは、聞き方を工夫すれば失礼にはあたりません。

共感的な対応の例

　たとえば、「最近、食欲もないし、体調が悪くて、つらい」と悩みを打ち明けてきた場合の対応を考えてみましょう。

○ 共感的対応	「体調が悪いのは、つらいですね」とつらさに共感する 「そうですか、何か思い当たることは」と話の続きを促す
× 悪い対応	「顔色はそんなに悪くみえないですよ」と否定する 「元気だしてくださいよ」と安易に励ます 「大丈夫、心配しすぎないほうがいいですよ」と根拠なく断定する 「さっき、ご飯きちんと食べてたじゃないですか」と事実を指摘する 「ぱっと気晴らしでもしましょうか」と一方的に気分転換を勧める 「○○さんなんてもっとつらそうなのにがんばってますよ」と他人と比較する

バイステックの7原則

　アメリカの社会福祉学者であるバイステックが提唱した対人援助技術の7原則は、日常のコミュニケーションをスムーズにするためにも有効であり、**基本的姿勢・心構え**として身につけておきたいものです。

個別化の原則	相手を、個性ある1人の人間として捉え、尊重します 何か相談を受けたとき、前にも同じような相談を受けたことがあるなとか、この悩みはよくあることだなとか、分類して捉えてしまいがちですが、その人にとっては、固有の特別な話であると理解して接すること、これが個別化の原則です 話の内容やポイントを整理することと、一般化して分類することは違うということを理解しておく必要があります
意図的な感情表出の原則	相手が、ありのままの感情を表出できるように、意図的にかかわります 感情や言いたいことを自由に表現できる機会を設けることです。不満を押さえつけたり、願望が口にできない状況に陥ったりすることなく、肯定的な感情も、否定的な感情も、ありのままに表すことができるよう、また、本人自身が気づいていない感情にも気づき、目を向けることができるようなかかわり方を心がけます
統制された情緒関与の原則	相手の表情や言動に対して先入観を持ったり、感情に巻き込まれたりしないように、感情的に自分を失わないようにかかわります 相手と一緒になって怒ったり、泣いたりすることではありません。「かわいそうに」と思うことでもありません。相手の感情に巻き込まれてしまうのは、同情です
受容の原則	相手を無条件に受け入れることです 相手の表現、態度、気持ちなどをありのままに受け入れます。たとえ、相手の言動を認めることができなくても、受け入れは無条件に行うこと、これが受容の原則です
非審判的態度の原則	自分の価値観や判断基準で一方的に評価しないことです 価値観や物事の判断基準は個人によって異なります。相手の話を、最初から批判的に聞くことも避けなければなりません
自己決定の原則	本人による意思決定を尊重することです 相談を受けたときに、何らかのアドバイスを行うことがありますが、あくまでも最終的に決めるのは、本人です

秘密保持の原則	知り得た情報を第三者に漏らさないということです秘密が守られるという約束であるから、安心して話をしたり、相談することができるのです

自分らしい"聴き方"を身につける

　テクニックだけがあっても何の意味も持ちません。逆に心があれば、少々テクニックが伴わなくても相手はわかってくれるはずです。

　相手の言葉をよく聴き、素直にリアクションを返すことが最も大切です。いろいろと経験しながら、**自分らしい聴き方**を身につけるようにしましょう。

　また、聴き上手になるためには、**心を豊かにする**ことです。好奇心が旺盛で、いろいろなことに興味を持っている人は、人間の幅が広く、話が広がります。

Step 1 高齢者の人生経験と老化に配慮した人間関係の構築
理解度チェック

 問題1 次の文章で適切なものには○を、間違っているものには×をつけなさい。

①高齢者には年長者に対する尊敬の念をもって接する。[ ]
②親しみを込めて「おじいちゃん（おばあちゃん）」と呼ぶ。[ ]
③言動が子どもがえりしている高齢者に対しては、幼児に言い聞かせるように話す。[ ]
④高齢者の精神構造を一概に規定することはできない。[ ]
⑤より良いコミュニケーションには、"話し上手"となることが重要である。[ ]

 問題2 積極的傾聴に必要な3つの姿勢を答えなさい。

[　　　　　　　] [　　　　　　　] [　　　　　　　]

 問題3 次の文章中の[　　]内で正しいものを選びなさい。

①「おいくつですか？」という質問は、[ア 閉じられた　イ 開かれた]質問である。
②傾聴のためには、[ア 閉じられた　イ 開かれた]質問が有効である。
③高齢者の言葉の一部をオウム返しにすることは、[ア 繰り返し　イ 言い換え]というコミュニケーション技法である。
④ど忘れした言葉を相手の代わりに言うことは、[ア 認知レベル　イ 感情レベル]の明確化である。

⑤高齢者の話は、[ア 黙って　イ 相づちを打ちながら] 聞く。

問題4 バイステックの7原則に関する次の文章のうち、最も適切なものを1つ選びなさい。

①意図的な感情表出の原則とは、自分の感情表出を大切にすることをいう。
②統制された情緒関与の原則とは、相手の感情をコントロールしてかかわることをいう。
③非審判的態度の原則とは、相手の話を批判的に聞くことである。
④受容の原則とは、相手を無条件に受け入れることである。
⑤個別化の原則とは、相手の話を分類して一般化することである。

Step1 Check Answer

高齢者の人生経験と老化に配慮した人間関係の構築
理解度チェック 解答と解説

問題 1

① ○ 高齢者という立場に立って、年長者に対する尊敬の念をもって接することが大切です。
② × 必要以上に高齢者扱いすることなく、きちんと名前で呼ぶようにします。
③ × 高齢者は"コドモ"ではないので、自尊心や感情に配慮が必要です。
④ ○ 年代やこれまでの生き方によって、精神構造に大きな違いが生じているといえます。
⑤ × より良いコミュニケーションには、"聞き上手"となることが重要です。

問題 2

［誠実さ］［受容］［共感的理解］
積極的傾聴とは、相手の話に耳を傾けて、じっくり聴くことです。

問題 3

① ア 閉じられた質問とは、「はい」か「いいえ」、あるいは簡単な単語で回答できる質問方法です。
② イ 開かれた質問は、相手が自由に回答できる質問方法です。傾聴で相手の思いを聞き出すのに有効です。
③ ア 言い換えは、相手の言った言葉を言い換えて表現するコミュニケーション技法です。
④ ア 感情レベルの明確化とは、「こういう気持ちがしたのですね」と相手の感情を言葉で表現することをいいます。
⑤ イ 話の腰を折らない程度に、相づちを打つことは、話を聞いていますというメッセージになります。

問題4

① ×　意図的な感情表出の原則とは、相手の感情表出を大切にすることをいいます。
② ×　統制された情緒関与の原則とは、自分の感情をコントロールしてかかわることをいいます。
③ ×　非審判的態度の原則とは、相手の話を、自分の価値観で評価しないことをいいます。
④ ○　受容の原則では、受け入れは無条件に行います。
⑤ ×　個別化の原則とは、相手の話を一般化せず、固有の特別なものとして聞くことをいいます。

Step 2

上手な自己主張のススメ

　自己主張とは、自分の意思を相手の立場や置かれた状況を考慮しながら伝えるものであり、相手を説得したり、納得させたりすることとは異なります。自分の考えを相手に理解してもらうことが目的です。

自己主張とは

　本当の意味での**自己主張（アサーション）**は、「『自分はこのように考える、こう思う』という自分の意思を相手の立場や置かれた状況を考慮しながら伝えるもの」であって、それは「相手を説得する、納得させること」とは異なります。

　自己主張とはあくまで「自分の考えを相手に理解してもらうこと」です。自分を「わかってもらうこと」が本来の目的であり、ああしたい、こうしたい、それは嫌だ、という自我の主張ではありません。

　お互いが相手のことを知り、考えをよりよく理解すれば、むしろ人間関係は良くなるはずです。そうすれば今までのギクシャクとした関係性の中で生まれていたストレスも、お互いに軽減されることになるわけです。本当の自己主張は、「**自分を大切にすること**」であり、「**相手を大切にすること**」にもなるのです。

アサーションとわがままの違い

　アサーションとわがままの違いを見ておきましょう。

　わがままは「**わがままな自己主張**」のことです。それは自分の責任を無視して、相手に要求することです。

たとえば「待ち合わせに遅刻しそうだから、うまく言っておいてくれる？」というのは、遅刻が自分の責任であるにもかかわらず、相手にその処理を要求しています。
「絶対こうでなければダメ！」と、不可能なことや完璧を求めるのも、わがままに入ります。またわがままは、相手への配慮が不足しています。「私がいいんだから、それでいいでしょ」というように、相手の気持ちや考えを無視しがちです。そして都合が悪くなると「あなたのせいでこうなったのよ、私は悪くない！」と、責任転嫁したりもします。

良い人間関係を築くための自己主張

　相手に自分の気持ちをどう伝えるか、あるいは伝えないかということを見極めていくのは、とても難しいことです。

　あとから、言えばよかった、言わなければよかった、と後悔するようなことがよくあります。また、自分の意見や気持ちが相手に理解されず、それがもとで人間関係がギクシャクしていくこともよくあります。

　相手を傷つけずに、自分の気持ちを伝えるテクニックを学ぶことを、**アサーション・トレーニング**といいます。

　アサーション・トレーニングは、人間関係がギクシャクしてしまわないように、まわりの人と率直で積極的なコミュニケーションを図ることができるようにするための学びです。

　間違ってはいけないのは、アサーション・トレーニングの目的は、相手を変えようとしたり、操作しようとするものではないということです。

　アサーションとは、常に相手のことをおもんぱかりながら、自分の気持ちを伝える手法です。

自己表現の３つのタイプ

アサーションとは

　説得したり、納得させたりする方法とは別に、相手の気持ちも考えながら、自分の主張を受け入れてもらうコミュニケーション方法があります。これを、**アサーション**といいます。

　アサーションは自己主張や自己表現の方法の１つで、テクニックです。

　一般に、自己表現の方法には、次の３つがあります。

	内容	例（頼んだものと少し違うものを買ってきた家族に）
アグレッシブ（攻撃的）	自分中心に考え、他人のことを考慮しない 自分が最優先で、他人を否定したり攻撃することもある	「買物も満足にできないのか。自分で行けばよかった」と怒って品物を投げつける
ノン・アサーティブ（非主張的）	自分よりも他人を優先させる 自分を抑え込み、他人に合わせる	「これでも大丈夫」と言いながら、納得できない
アサーティブ（アサーション）	自分のことを大切にするが、相手も大切にするその場にふさわしい方法で自分を表現する	「ありがとう。でも、頼んだ品物がなかったら、買う前に連絡をもらえないかな。別のものを頼むこともできるし」と言う

アグレッシブ＝攻撃的な自己表現

　自分の考えや気持ちが正しいものとして固執し、相手の言い分や気持ちを無視し、軽んじる自己表現が**アグレッシブな自己表現**です。

　自分の気持ちを表現するためには、相手を傷つけることさえお構いなしです。自分勝手で、他の人を否定したり、操作、支配しようとする言動が目立ちます。また、一方的で有無を言わせず、自分の優位を保とうとします。

　アグレッシブな自己表現をする人の中には、他人が自分と違うことへの**不安**や、逆らわれることへの**恐れ**、他人ときちんと話ができない**不器用さ**などを抱えていることも多いといいます。

　ノン・アサーティブが積み重なって、アグレッシブに変わってしまうこともあります。

　他人を尊重する態度がみられないので、人間関係が長続きしないことも多いです。

ノン・アサーティブ＝非主張的な自己表現

　自分よりも人を優先するため、自分の意見や考え、気持ちを表現しなかったり、自分を押さえてしまうのが**非主張的な自己表現**です。「皆さんがいいなら、それで結構です」「決まったことに異存はありません」という控えめな態度はとりますが、本心では納得しておらず、胸襟を開かないタイプです。

　とにかく目立つことが嫌い、人と違うことを避けるタイプで、さらに強い力を持った人間が現れると、今度はその人の影響下に入り込みます。しかし、実のところは自分を押さえ込む人間に対する怒りも持っています。

　このタイプの人たちは、沈黙、あいまいな言い方、いいわけがまし

い言い方、消極的な態度や小さな声など、相手に伝わりにくい表現をとってしまいます。

　自分を否定するような考えが目立ち、依存的、服従的な態度をとることが多いです。

　ノン・アサーティブな自己表現をする人は、相手を尊重しているようにみえますが、**心の中では不満を感じていたり**、**自分に正直でなかったりする**ので、欲求不満やストレスがたまりやすくなります。自分を否定したり、落ち込んでしまうことも多いといえます。

アサーション＝アサーティブな自己表現

　自分も相手も大切にしようとする自己表現です。自分の意見、考えや気持ちを、率直に、その場にふさわしい方法で表現します。
「言うべきことを言う」のもそうですが、「言えるけれど、**あえて言わない**」という方法を選択するのもアサーティブな自己表現です。言わないことによる効果が、言うことによるそれに勝っていると判断すれば、あえて沈黙を守るのです。「言いたいのに言えない」とは全然意味が違います。

上手な自己表現

　自己表現をどのように行うかで、自分の気持ちや相手の気持ち、そして受け止め方もずいぶん違ってきます。

　攻撃的な自己表現は相手に嫌な思いをさせることが多く、非主張的な自己表現では、自分がわかってもらえないと、傷ついた気持ちが残り、惨めな思いをすることが多くなります。

　アサーティブな自己表現は、相手の気持ちも思いやりながら、自分の気持ち、考えを率直に言うので、伝わりやすく、お互いに不快な気

持ちにならず、人間関係をより良いものにしていくことができます。

孤立化を防ぐコミュニケーション

　日本人は自己主張が下手だといわれてきました。
「以心伝心」「つうと言えば、かあ」「言わなくたってわかる」など、言葉より心で理解し合うことを良しとしてきました。しかし、実際は「言わなければわからない」という体験を、私たちは何度もしています。本当のところは「**言わなければわからない**」「**表現しなければ伝わらない**」のです。

　ところが自己主張をするというと、「悪いこと」のように思われたり、「わがままな人」というレッテルが貼られたりします。『秘すれば華』『沈黙は金』ではありませんが、何事も表立てず、内に秘めてこそ美徳としてきたのが日本の文化・生活様式でした。それが悪いというわけではありません。だからといって自己主張が正しくないと考えることは、私たち日本人の大きな過ちなのです。

　高齢者は、社会とのかかわりで煩雑となっている中高年世代とは違って、社会の第一線を退き、社会との関係性を極端に少なくした人たちです。そうした状況から、疎外感、孤独感を根強く持っている人は少なくありません。ライフスタイルも大きく変わり、目的を失った世代は精神的不安定の中にいるといってもいいでしょう。こういった高齢者を孤立させず、生きがいを持って、社会生活の中に誘引するのが実効力のある**コミュニケーション**なのです。

　高齢者とかかわるときにも正しい自己主張の方法を身につけて、しっかりと話し合える関係をつくることが大切です。「年寄りだからがまんして」「若い者にまかせて」と、高齢者の活動の場や、主張を追いやるのではなく、いつまでも元気で若々しい高齢者でいていただくために、そのテクニックを大いに活用しましょう。

高齢者のためのアサーション・トレーニング

自己表現は良いことである

　高齢者自身がアサーティブな自己表現ができるようなるには、まず、自己主張、自己表現をすることは良いことだと、**肯定的な気持ち**を持ってもらうことが大切です。

　人の気持ちの中には、自己表現を阻む考え方や気持ちがあります。「人に嫌われたくない」「人間関係を壊したくない」「いい人でありたい」「相手に申し訳ない」「相手を傷つけたくない」「自分ががまんすればすむなら、その方がいい」——など。これらの考えは、自己表現を間違って捉えています。

　アサーティブな自己表現をし、きちんとそれが相手に伝わったときには、人を傷つけたり、人から嫌われたり、関係が悪くなるようなことはありません。もちろん会話はキャッチボールですから、相手がボールを受け止めようとしてくれなければうまくいきませんが、少なくともこちらは相手が取りやすいボールを投げることで、自分の責任を果たすことはできます。

　このことを高齢者自身によく理解してもらい、肯定的な気持ちでトレーニングを始めなければ、アサーティブにはなれません。

アサーション・トレーニングのポイント

　アサーティブな自己表現を行うためには、次のポイントがあります。

①自分の気持ち・考えをきちんと正確に捉える
②周囲の状況や相手を客観的に観察する
③自分の要求や希望をはっきりと表現する
④非言語的コミュニケーションも活用する

　アサーションの目的は、他人を説得しようとすることではなく、**自分の主張を他人に知ってもらうことである**ということを常に念頭に置くことが大切です。話をするときは、他人の言動を批判しないで、自分の気持ちを話します。その際は、プラスの感情を先に伝え、あとからマイナスの感情を伝えるほうがいいでしょう。共感的理解を示してから、自己主張をするようにしましょう。他人の人格を否定したり、非難してはいけません。主張は具体的に伝えましょう。

自分の気持ち・考えをきちんと正確に捉える

　自分でも何を言いたいのかわからないのでは、相手に伝えられるわけがありません。
「私は今何を考えているのだろうか？」「私はこの状況をどう思っているのだろうか？」と考えます。ポイントは、**「私は」を主語**にして考えてみることです。

　たとえば高齢者が介護者とうまくいかない場合に、「あの人の介護は心がこもっていなくて、雑だ」「私はあの介護者が嫌いだ」「介護者も、私のことをどのように思っているか知りたい」などと自分が思っていることを漠然とではなく、1つひとつの思いとして整理していきます。そして逃避の方向ではなく、積極的な気持ちが持てるようにまとめていくことがベストです。

周囲の状況や相手を客観的に観察する

　観察の結果、**事実をもとに**話をすれば、感情的にならずに話すことができますし、相手もこちらの話を聞きやすくなります。
「あいつは、空気が読めない」というのは、その場の状況を察知していない言動や行動に対していわれることですが、そういう関係性では人間関係は悪くなる一方でしょう。
　たとえば、並んでいる列に横入りした人がいたとします。そのとき「並んでんだから、最後につけよ！」と喧嘩腰にならずに、「みなさん、並んでいるんですよ。あそこが列の終わりだと思います」と、事実をわかりやすく言われれば、相手も、割り込みをしないで、ルールにのっとって最後尾に並ぶんだなと理解し、納得することができるでしょう。

自分の要求や希望をはっきりと表現する

　老人ホームにいるために、なかなか思うように自分の時間が取れません。久しぶりに１人で静かに読書でもできそうだと思っていた日に、他の入居者が部屋に入ってきて「将棋をしよう」「１人で読書するより、２人で楽しく将棋だ！」と言って譲りません。さて、この状況でどうしたらいいのでしょうか？
「自分がどうしたいのか」「何を希望しているのか」を表現するときに覚えておかなければならないことは、「私はこうする」という結論を相手に伝えるのではなく、「私はこうしたいけれど、あなたはどう思いますか？」という、**話し合いのための提案**だということです。
「実は、この本は明日には返さなければならないもので。将棋は改めてこちらからお願いするから、今日は１人にさせてくれないか？」という言い方で納得してくれるかもしれません。

非言語的コミュニケーションも活用する

いくら言いたいことが明確で、適切なものであっても、下を向いてボソボソと話したのでは、相手には伝わりません。相手に伝わるようなコミュニケーションの方法でしっかりと伝えましょう。

思わず出てくる**「伝えたい」という動作**を、意識して積極的に使うことで、コミュニケーションはかなり効率がよくなります。

DESC法で整理する

DESC法とは、自分の気持ちや伝えたいことを4段階で整理して、アサーティブに表現するための手法です。

Describe ＝描写する
Express ＝説明する
Suggest ＝提案する
Choose ＝選択する

の4段階の英語の頭文字をとってDESC法と呼びます。

Describe＝描写する

置かれている状況を、事実のみ客観的に描写します。解決すべき問題とそれに対する相手の行動を、自分の感情を交えずに描写します。

Express＝説明する

Dで描写したことに対する、主観的な感情や意見を、率直に表現します。ただし、攻撃的になったりすることなく、相手の状況に共感する姿勢も大切です。

Suggest＝提案する

　問題に対する現実的で具体的な解決策を提案します。相手に望むことも具体的に表現して提案します。あくまでも「提案」であり、相手に強要したり、相手を非難するものではありません。

Choose＝選択する

　相手が提案を受け入れた場合、受け入れてくれなかった場合、両方を考えて、その次の自分の行動を考え、選択肢を示します。

ロールプレイングを行う

　次のような場面を想像して、実際にアサーション・トレーニングを行ってみましょう。

場面1

　ゲートボールのプレイをする順番を決めるクジ引きに、納得がいかないのかいつまでも異論を唱える人がいました。あなたはどういう態度をとりますか？

例

攻撃的な自己表現：「公平にしようと思ってクジ引きにしたんだから文句を言うなよ」と強く言う。
非主張的な自己表現：不快に思いながらも何も言わない。
アサーティブな自己表現：「みんなで決めたことなんだから、守ろうよ」と言う。

場面2

近所の子どもが、大切にしている盆栽にサッカーボールをあてて枝を折ってしまいました。あなたはどうしますか？

例

攻撃的な自己表現：「こら！　だからいつもこんなところで遊ぶなと言っているんだ。二度とするな！」と怒鳴る。
非主張的な自己表現：「しょうがないなあ、もうここで遊ぶなよ」と言いながら、心では「今度ボールが入ってきたら、二度と返さんぞ」と文句を言っている。
アサーティブな自己表現：「これは私が大切にしていた盆栽で、折られてしまって悲しいよ。もう少し気をつけてくれないかい」と言う。

　アサーションはコミュニケーションですから、「**失敗**」はありません。あるのは「**結果**」です。これが正しいというものはありません。双方向のやりとりですから、こちら側が同じ対応をしても結果が正反対となることもあり得ます。そのときの結果が経験となっていきます。
　ロールプレイングが終わったら、参加者全員で振り返りを行い、「**こういう方法もあった**」などと話し合うことは有効でしょう。

主張の内容による アサーションの種類

アサーションの種類

アサーションには、具体的にいくつかの種類があります。

①自尊心の主張	「私には私の考えがある」と自己肯定できる
②「NO」の主張	必要なときに「NO」と言える
③感情の主張	自分の感情を、正当なものとして表現できる
④変更の主張	主張を変更できる
⑤依頼の主張	困ったときに助けを求められる
⑥情報要求の主張	納得できないことに対して説明を求めることができる

　得意な主張と苦手な主張がある場合もあります。主張する相手によって、たとえば、娘に対しては、困ったときに助けを求めることができるのに、息子に対しては上手くできない、といった場合もあるでしょう。

　どんな種類の主張も、誰に対しても同じように、自己主張できるようになることが理想ですが、いきなり大きな目標を立てても、難しくてなかなかできません。

　「ここで、この一言が言えたらいいのに」と思ったときに、**小さな勇気を出して言ってみる**というのが始めの一歩です。

アサーションのテクニック

　アサーションを、相手に受け入れてもらいやすくするためのテクニックがあります。

> アサーションのテクニック
> ①アサーションの目的の再確認。
> ②相手の言動を批判しないで、自分の気持ちを話す。
> ③プラスの感情のあとに、マイナスの感情を伝える。
> ④相手の立場や事情に共感してから、自己主張する。
> ⑤相手の人柄を否定したり、非難しない。
> ⑥相手のどの言動が自分にどんな影響を与えているのか、今後どうして欲しいのかを具体的に伝える。

①アサーションの目的の再確認

アサーションの目的は、「**こちらの主張を相手に知ってもらうこと**」であることを確認します。「相手を納得させよう、同意させよう」というのは、目的ではありません。

②相手の言動を批判しないで、自分の気持ちを話す

たとえば、「人前で怒鳴られて、私はとても恥ずかしかったです」などのように話します。

③プラスの感情のあとに、マイナスの感情を伝える

プラスの感情（喜び、感謝、うれしい、楽しいなど）のあとに、マイナスの感情を伝えるようにします。「誘ってくれてありがとう。でもちょっと風邪気味なので行けません」などのようにです。

ただし、プラスとマイナスのどちらを先に伝えるかは、状況や"何を""誰に"伝えるかによって、**何が有効かは変わってくる**でしょう。

④相手の立場や事情に共感してから、自己主張する

「あなたが相手にそのことを言いたくない気持ちはわかります。でも私は言った方がいいと思いますよ」などです。しかし、あまりに相手の立場に立ちすぎてしまうと、自分の意見が言えなくなってしまうので注意が必要です。

⑤相手の人柄を否定したり、非難しない

　相手の人柄を否定したり、非難しないで、しかし自分の言いたいことをはっきりと伝えます。「さっきのあなたの発言は、以前おっしゃっていたことと違うような気がしますが、どちらがあなたの真意ですか？」などです。

⑥相手のどの言動が自分にどんな影響を与えているのか、今後どうして欲しいのかを具体的に伝える

　不快な感情も**具体的に、今後どうして欲しいのか**を伝えます。「あなたはけんかになると、大声で怒鳴りますよね。そうすると、私は自分の言いたいことが言えなくなって、すごく自分が惨めな気持ちになるのです。だから、できるだけ怒鳴らないで、話し合ってくれませんか？」などのようにです。

アサーションを上達させるために

　アサーションは、**身近なこと**、**小さなこと**から意識をして始めることが大切です。まずは、こんな風になれたらいいなと思う人を見つけて、その人の真似をしてみましょう。
　「こんなときはどう言えばいいか？」と、あらかじめいくつかセリフを考えておくことも有効です。人を褒めて、褒め上手になることも大切です。話し方、大きな声や目線なども意識して、話をしてみます。
　反論や批判にも強くなりましょう。自分の意見が却下されたからといって、自分の人格すべてが否定されたわけではありません。
　アサーションを上達させるためには、毎日の小さなことの積み重ねが一番大切です。成功すれば自信がつき、自信がつけばさらにアサーティブになれるのです。

説得的コミュニケーション

　意図的に相手の態度を変容させようとして行うコミュニケーションがあります。これを、**説得的コミュニケーション**といいます。

　情報の送信者、つまり相手を説得しようとしている側の人の信頼性が高いと、一般に、説得は受け入れられやすくなります。ただし、時間が経過するとともに、信憑性が薄まる**スリーパー効果**があります。逆に、信頼性の低い人の説得は、一定期間経過後に効果が現れてきます。

　また、説得しようとしている送信者の意思が、受信者に明確に意識されると、心理的な抵抗や反発が生じ、態度が硬化してしまうといいます。人間は、基本的に自分の考えや行動を自分で決定したいと思っているのに、それに制限を加えられることで、自由を脅かされたと感じ、自由を回復すべく動機づけられ、抵抗が生じると考えられています。これを、**心理的リアクタンス**といい、説得や依頼の妨げとなります。

　説得や承諾を得ることが困難だと思われる場合、最初に、受け入れやすい小さな依頼を行い、次に、本来の目的である大きな依頼を行うと、受け入れられやすくなるといいます。これを、**フット・イン・ザ・ドア法**あるいは段階的要請法といいます。

　説得的コミュニケーションの方法には、情報の提供のしかたによって、次の2つがあります。

一面的コミュニケーション	説得したいことに有利な情報だけを提供する →相手が内容についてほとんど情報を持っていない場合に効果的であるとされる
両面的コミュニケーション	有利な情報と不利な情報をあわせて提供する →相手が内容についてある程度情報を持っている場合に効果的であるとされる

得意な主張 苦手な主張をチェック

アサーション度チェック

あてはまるものに○をつけてみましょう。

①	自分の意見が他の人と違っていても、自分の意見を発言できる	
②	自分から長電話を終わらせることができる	
③	批判されても、平静に対処できる	
④	素直に自分の間違いを認めることができる	
⑤	話の腰を折られたときに、その人に対して、そのことを伝えられる	
⑥	他の人に、自分の長所や成し遂げたことを言うことができる	
⑦	アドバイスを頼まれたときに、できないことは断れる	
⑧	何かに誘われたときに、都合が悪ければ断れる	
⑨	さまざまな場面で、緊張してしまっても、自分を失うことはない	
⑩	注文が希望したものと違っていたとき、返品や交換の交渉ができる	
⑪	自分の気持ちはどうあれ、冷静に相手への評価を伝えられる	
⑫	人見知りせずに、初対面の人と話ができる	
⑬	セールスや店員が勧めるものを断れる	
⑭	人に助けを求めることが、恥ずかしいとは思わない	
⑮	相手がおせっかいを焼いていると思ったとき、そのことを本人に伝えられる	
⑯	誰かと話している途中でも、必要なときには会話を打ち切ることができる	
⑰	快諾できない要求には、NO と言える	
⑱	相手に対する気持ちを素直に伝えることができる	
⑲	知ったかぶりをせずに、わからないことは人に質問できる	
⑳	人が自分をほめたときに、素直に受け止めることができる	
	合計	

チェックの結果

　○の数が、10個以上であれば比較的アサーティブな人といえるでしょう。○がつかなかった項目が、苦手な自己表現の領域ということになります。極端に苦手な領域があった人は、原因や理由を分析することが重要です。

　おおまかに分類してみると、次のようになるでしょう（一部、重複しているものもあります）。

①自尊心の主張：1、3、4、6、20
②「NO」の主張：7、8、13、17
③感情の主張：5、9、11、18、20
④変更の主張：2、10、15、16
⑤依頼の主張：4、12、14、19
⑥情報要求の主張：12、17、19

結果を踏まえて

　もちろん、相手や状況、対象によって違うこともあるでしょう。「Aさんなら違う意見でも言えるけれど、Bさんには言えずに、ついついBさんの意見に合わせてしまう」「これに関してはCさんに助けを求められるけど、このことは言えない」などです。この場合には、どうしてそこに違いがあるのかを振り返ってみることが大切です。

　また、○がついていても、相手に対して否定的な気持ちがあるとしたら、それは相手に配慮していない発言かもしれません。

　たとえば、自分が悪かったと認めたとしても、相手に対して「そんなふうに責めなくたっていいじゃないか」という気持ちや「自分だって間違えるじゃないか」などと思っていたら、正しいアサーションではありません。

アサーション・トレーニング

　ある人々は、その人のパーソナリティや環境によって、アサーションが自然と身についているかもしれません。しかし、アサーションが身についていない人にとっては、ある程度意識して、**自分を訓練していく必要**があります。

　訓練といってもあまり大げさに考える必要はありません。先にあげたようなチェックリストなどを使って、どの場面で自己表現できているか、どんな場面が苦手かを知り、比較的やりやすいと思う場面で、自分の行動や言動を意識してみます。

　コミュニケーションの結果について、「もっとこうすればよかった」と後から思うことはあるでしょう。やりとりを振り返って、「こうすればよかった」と思ったことを自分の中に蓄積し、新たな場面でその経験を活かしたり、応用できるようになればいいのです。

　自分のコミュニケーションを意識し、**できるところから変えていく**、そのこともまた、ストレス・マネジメントの大切な方法です。

高齢者と家族、介護者にとっての自己主張

　高齢者を抱える家族をしっかりとサポートするためにも、このようなコミュニケーション方法をしっかりと身につけてください。必要に応じて介護している家族にも、この方法を指導していくこともできるでしょう。

　高齢者をめぐる人間関係は複雑でさまざまな感情が絡んでいる場合も多いものです。さらに、加齢に伴う身体的、精神的な老化や疾病などが、高齢者のQOL（クオリティー・オブ・ライフ、生活の質）を害している場合も多いです。高齢者だけでなく、介護する家族も含めて、誰もがきちんと相手のことをおもんぱかりながら自己主張できる関係

が望ましいといえます。介護している家族が高齢者に対して**アサーティブな自己主張**を持って接することができれば、高齢者にとっても、介護者にとっても、ストレスの少ないより良い人間関係を築いていくことができるでしょう。

Step2 上手な自己主張のススメ
理解度チェック

問題1　次の文章で適切なものには○を、間違っているものには×をつけなさい。

①アサーションでは、自分よりも他人を優先させる。[ ]
②アグレッシブな自己表現をする人は、他人と違うことへの不安を抱えていることが多い。[ ]
③ノン・アサーティブな自己表現をする人は、いつも相手を尊重している。[ ]
④「あえて言わない」こともアサーティブな自己表現である。[ ]
⑤アサーティブな自己表現は、人間関係をより良いものにしていくことができる。[ ]

問題2　次の文章で適切なものには○を、間違っているものには×をつけなさい。

①アサーションの目的は、自分の主張を他人に知ってもらうことである。[ ]
②自分の気持ちを正確に捉えるために、「あなたは」を主語にして考えるとよい。[ ]
③観察の結果、事実をもとに話をすることが大切である。[ ]
④自分の要求は、結論として伝える。[ ]
⑤言葉で伝えることが重要で、非言語的コミュニケーションは用いない。[ ]

問題3 次の文章中の［　］内で正しいものを選びなさい。

①アサーションを相手に受け入れてもらいやすくするために、［ ア 自己主張してから相手の立場に共感する　イ 相手の立場に共感してから自己主張する ］。

②一般に、説得しようとしている側の人の信頼性が［ ア 高い　イ 低い ］と、説得は受け入れやすくなる。

③説得しようとしている人の意思が、受信者に［ ア 明確に意識される　イ 曖昧なままである ］と、受信者の態度が硬化することがある。

④フット・イン・ザ・ドア法では、最初に［ ア 本来の目的である大きな依頼　イ 受け入れられやすい小さな依頼 ］を行う。

⑤有利な情報と不利な情報をあわせて提供する方法を、［ ア 一面的　イ 両面的 ］コミュニケーションという。

問題4 次のアサーション種類表の［　］にあてはまる語句を答えなさい。

［ ① ］の主張	「私には私の考えがある」と自己肯定できる
［ ② ］の主張	必要なときに「NO」と言える
［ ③ ］の主張	自分の感情を、正当なものとして表現できる
［ ④ ］の主張	主張を変更できる
［ ⑤ ］の主張	困ったときに助けを求められる
［ ⑥ ］の主張	納得できないことに対して説明を求めることができる

①［　　　　　］②［　　　　　］③［　　　　　］
④［　　　　　］⑤［　　　　　］⑥［　　　　　］

Step2 Check Answer

上手な自己主張のススメ
理解度チェック 解答と解説

問題 1

① ✕ アサーションは、自分のことも、相手のことも大切にする自己表現方法です。
② ○ 逆らわれることへの恐れや、他人ときちんと話ができない不器用さを抱えていることも多いといいます。
③ ✕ 一見、相手を尊重しているように見えますが、心の中では不満を感じていたり、自分に正直でなかったりします。
④ ○ 「言いたいのに言えない」とは異なり、「言えるけれど、あえて言わない」のはアサーティブな自己表現です。
⑤ ○ 自分も相手も尊重するので、相手に伝わりやすく、不快な気持ちにもならず、人間関係をより良いものにできます。

問題 2

① ○ 他人を説得することが目的ではないので、相手の言動を批判することは避けます。
② ✕ 「私は」を主語にして考えると、自分の気持ちや考えを整理できます。
③ ○ 事実をもとに話をすれば、感情的にならず、相手も話を聞きやすくなります。
④ ✕ 結論ではなく、話し合いのための提案として伝えます。
⑤ ✕ 非言語的コミュニケーションも活用します。

問題 3

① イ 相手の立場や事情に共感してから自己主張した方が受け入れてもらいやすくなります。
② ア ただし、信頼性の高い人の説得は、時間の経過とともに信憑性が薄まる、スリーパー効果を生じさせることがあります。

③ ア 心理的リアクタンスといい、説得や依頼の妨げとなります。
④ イ フット・イン・ザ・ドア法は、段階的要請法ともいわれます。
⑤ イ 一面的コミュニケーションとは、説得したいことに有利な情報だけを提供する方法です。

問題4
①自尊心　②「NO」　③感情　④変更　⑤依頼　⑥情報要求
自分の得意な主張と苦手な主張について知っておくことが大切です。

Part4

自宅でできるリラクゼーション

Step 1

リラクゼーションの効果

　リラックス反応とは、ストレス反応と相反する反応で、まわりが安心・安全で脅威でないと判断したときに現れます。リラックス状態を積極的につくり出すことで、ストレスによる問題を解消します。

ストレスをストレスと認識する

　人前に出ると、一言もしゃべることができなくなり、身体を萎縮してこわばらせてしまう高齢者がいます。この高齢者にとって衆目にさらされることが大きなストレスになるのです。

　ただ、そのことをストレスだとはっきり意識されている方がどれだけいるでしょうか。単なる"あがり症"と認識し、「そういうものだから、仕方がない」と、その症状をあえて治そうとは思われない方も多いものです。

　高齢者のストレス症状を早期に発見し、**本人に認識**させ、やり方しだいで気分的にも楽になることを理解させてあげることが大切です。そうすれば、積極的に取り組んでみようという意識が芽生え、ストレス解消に大きな力となることでしょう。

身体と心は連動している

　身体を動かすことで、緊張から萎縮した筋肉がほぐされ、そのことで得た弛緩が気持ちのこわばりも解きほぐすことになるのです。緊張とは本来、気持ちや意識の問題のはずですが、身体から緊張を取り除くことで、**心にアプローチ**しているわけです。

リラクゼーション法の導入

　ストレスをコントロールする方法として、リラクゼーション法を身につけることは有効です。家庭でも簡単に行えるものもあります。地域のグループなどで、レクリエーション的に取り組んでみるのもいいかもしれません。

　リラクゼーション法を導入するに当たっては、**ストレスに対する正しい理解**と、**リラクゼーションの必要性**を理解することが大切です。理解したうえで取り組むのと、そうでない場合では効果は大きく違ってきます。

　たとえば、俳優さんや役者さんが、本番の緊張や不安をいかに克服しているかを例にしていくと納得してもらいやすいでしょう。

　実際に役者さんたちのリラックス法などが記事になっていたら、理解促進のための材料とするのもいいでしょう。テレビや舞台でなじみのある役者さんが行っているリラックス法なら、試してみようかという気にもなります。

Step 1-1
ストレスには
リラックス・リラックス

プレッシャーに強い人・弱い人

　スポーツ競技会などで、プレッシャーをバネにして、さらに良い記録を残す人と、逆に、プレッシャーに押しつぶされて、普段の練習の成果が出せずに終わってしまう人がいます。同じ状況下にいても、プレッシャーやストレスを感じる人と、あまり感じない人がいて、それによって出てくる結果は大きく変わってきます。

　プレッシャーに強い人は、結果だけでなく、**経過（プロセス）を楽しむことができる**といわれます。こういう人は、自分の努力次第で結果は変わると考えていますが、結果だけを見るのではなく、今やっていることに集中し、工夫しながらその経過を楽しむことができます。

　また、**ユーモア**も大切です。笑いを大切にする人は、いつでも面白いことを見つけることができ、少々の失敗なら笑い飛ばしてしまいますし、人を許すおおらかさも持っています。

　あまり人とベタベタせず、自分1人で行動したり、1人の時間を大切にする、さっぱりとした人もストレスには強いといえます。そして、挑戦者タイプ、何事もやればできると信じてチャレンジしていく人は向上心が強く、困難に出会うと、俄然はりきります。このような人たちは、プレッシャーやストレスを感じてもそれをバネにして前進していけます。

　プレッシャーに弱い人は、**まじめで几帳面な人**といわれます。このような人は、途中で妥協できず、責任感が強く、何でも自分で抱え込んでしまいます。少しでもうまくいかないと落ち込んでしまいます。がんこで厳格な人も、人のミスを許せず、他の人の行動を見てはイライ

ラしてしまいます。

　特にこのようなタイプの高齢者は、ストレスの塊となりやすいので要注意です。人生は得てして自分の思い通りに行かないことのほうが多いからです。たとえば、若い世代に対して「何でこんなこともできないんだ」と言ってしまったり、心の中で思ってイライラしたり、何でもかんでも口出し手出ししてしまうことも多くなります。

　しかし、実は自分で自分を追い詰めていることに気づかないことも多く、なかなか変えていくことが難しいのです。

自分にもまわりにもおおらかに

　こうしてみてくると、**おおらかな人間**こそ、社会において生きやすいことがわかるでしょう。おおらかな人間同士の方が、世の中は和気あいあいとして楽しそうです。

　ところが、不思議なことに、他人に対しては、まじめで几帳面な人であることを強要したりします。まじめで几帳面であることは、美徳ですし、それ自体を否定するものではありません。それを強要するような態度が、相手にも自分にもストレスを与えてしまうのです。自分の若い頃は、結構大雑把で、いい加減にやってきたのに、若い世代には「約束は守る」「見苦しい身なりをしない」「挨拶はきちんとする」などとこまごまと注意をし、それらのことが守られるように何度でも同じことを言ったりします。

　言わずにいられない状況であったとしても、感情的な物言いでは、相手も自分も常にストレスにさらされ続けることになります。相手の性格を考慮した上で、注意の仕方も工夫することが望ましいでしょう。

息の抜き方を覚えよう

　息を止めたままでは、誰でも苦しくなってしまいます。ストレスにさらされ続けて、心が休まるひまがない状態は、息を止めていることさえ忘れてしまっている状態といえるかもしれません。**適度に息を抜くこと**を覚えないと、いつか壊れてしまいます。

　先に述べた、おおらかな人というのは、自然に息の抜き方が身について実践できている人といえるかもしれません。一方、まじめで几帳面な人は、息の抜き方を知らないか、知っていてもどのタイミングで行っていいかわからない、あるいはタイミングをいつも逃してしまう、という人といえるかもしれません。

　何ごともメリハリが大事です。たとえ160キロの豪速球でも、そればかり投げていては、いつかは打たれます。緩い変化球を間に挟むことで、ストレートの速さが活きてくるのです。緩急をつけることが、ここぞ、というときに力を発揮するためには、大切なのです。

　緩めた状態のことを**リラックス状態**といいます。リラクゼーションとは、リラックス状態へ誘導するための手段や方法のことをいいます。ストレスをためやすい人ほど、**意識的にリラクゼーションを行う必要**があるといえます。

ストレスに弱い人の特徴

　おとなしい、嫌なことでもはっきりと断れない、自分の意見を言えない人は、ストレスに弱いといっていいでしょう。あとになって、後悔したり、自己嫌悪に陥ってしまうのです。

　いつもいつも同じことを繰り返して言う人はいませんか。その場合、そのできごとが、よほど印象深かったのか、気になって仕方がないのです。そのことを「印象深いできごと」として捉えているか、「気にな

ることがら」として捉えているかによって、その人にとってストレスになっているのかどうかを判断することができます。ですから、高齢者の言動に注意して耳を傾けることが必要でしょう。

また、あれこれ気になって心配したり、取り越し苦労の多い人は、いつも気になることがあるので、心が休まるひまがありません。このような人たちは、いつもストレスを抱え込んでいます。

このようなタイプは、人づきあいが苦手で、近所づきあいや仲間同士のつきあいを避けようとしたりします。また、うまく人間関係を作れないと悩んでいることがよくあります。

リラクゼーション法を取り入れよう

ストレスに弱い性格を変えるというのは、なかなか難しいものです。そこで、意識的に心身の緊張をほぐす方法を身につけて、実践できるようにしておくと、ストレスで心身が壊れてしまうことを回避できます。

リラックス状態とはどんな状態か、どのような効果が期待できるのかを学び、**簡単なリラクゼーション法**を実践してみましょう。

Step 1-2 リラックス状態とは

リラックス反応とは

　ストレス反応とは、ストレッサーに対する心身の戦闘態勢でした。一方で、心身には、疲労回復のために休息し、新たなエネルギーを充電させるメカニズムがあります。この非戦闘時の休息のための反応を、**リラックス反応**といいます。

　リラックス反応は、安全で安心できる環境にあり、環境や刺激が脅威ではないと判断したときに、自然に起こる反応です。

　ストレス反応とリラックス反応は、相反する反応です。ストレス状態では、不安が安心を制止して、緊張が生じています。リラックス状態では、安心が不安を制止して、不安や緊張は生じにくくなります。このような関係を、**逆制止**といいます。

　つまり、リラックス状態を積極的に確保することで、ストレスによる問題を解消することができるのです。

リラックス反応を引き出すには

　安心が不安を上回ったときに、リラックス反応が起こります。

　そのためには、次のような環境・状況をつくり出すことが必要です。

- 安心できる環境
  ⇨危険や脅威のない環境、安全で落ち着いた環境
- 信頼できる人間関係と大切にされているという実感
  ⇨人に守られているという安心
- 楽しいこと・うれしいこと・笑うこと
  ⇨不安や恐怖からの解放
- 好きなこと・熱中できること
  ⇨ストレッサーについて考えることからの解放

リラックス状態とストレス状態の比較

　自律神経には交感神経と副交感神経がありますが、リラックス状態では、**副交感神経が優位**になります。逆に、ストレス状態のときは、交感神経が活発になっています。

　リラックス状態では、副交感神経の働きで、心拍数や呼吸数は減少し、血圧は低下し、筋肉はゆるみ、末梢循環は増加します。脳波では、$α$波が優位となります。

　ストレス状態では、交感神経が活発に働き、心拍数も速くなり、呼吸数も多くなります。筋肉は緊張し、末梢循環は減少するため、手足が冷たくなったり、手のひらに汗をかいたりします。脳波では$β$波が優位となります。

ストレス状態 (交感神経優位)	部位	リラックス状態 (副交感神経優位)
拡大	瞳孔	縮小
抑制	涙の分泌	促進
少量の濃い唾液	唾液腺	大量の希薄な唾液
拡張	気管支	収縮
収縮	血管	拡張
促進	心拍数	抑制
上昇	血圧	低下
収縮	立毛筋	ー

促進	発汗	―
上昇	血糖	低下
抑制	消化管運動	促進
収縮	膀胱括約筋	弛緩
β波	脳波	α〜θ波

リラックス状態とは

　リラックス状態とは、身体的にも精神的にも、緊張やストレスから解放された状態です。ゆったりとした気分で、くつろいだ状態です。

　生理学的には、脳波のα波が引き出されると脳の活動が穏やかになり、気持ちよく、眠くなってきますが、この気持ちよいという感覚が、脳から身体によいホルモンを分泌させ、循環器系、神経系、免疫系などの働きを活性化させ、自然と回復力を呼び覚まします。

　ストレス状態は、ゴムまりに外からの力が加わって「歪み」が生じている状態です。それに対して、リラックス状態とは、少々の力ではへこまない、あるいはへこんでもすぐに元の状態に戻ることができるような、**復元力の高まった柔軟な状態**を意味しています。

> リラックス状態では
> - 心身が落ち着いて安定している
> - 精神は集中していて、緊張はない
> - 疲労が回復し、エネルギーが充電される

リラクゼーションとは

　一般に、昼間の活動時は、交感神経系の働きが優位で、睡眠時は、副交感神経系の働きが優位になっています。睡眠とは、心身の疲労を回復させるための、最も休息した状態といえます。活動と休息のバラン

スがとれているときが、"**健康状態**"なのです。

　ストレス状態が続くということは、本来、機能するはずの休息機能が十分に機能していない状態であるといえます。そこで、リラックス状態を積極的につくり出し、心身を休息させて、健康状態を回復する必要が出てきます。

　心身の緊張をほぐし、リラックス状態に導く手法を、**リラクゼーション**といいます。

　リラクゼーション法は、筋肉を緩めることによって不安や緊張が解消できるのではないかという発想で、病気の治療や健康増進に広く利用されるようになりました。

　リラクゼーション法は、アクティブな動きを必要とするストレス解消法や、若さゆえにできる短絡的なストレス発散法とは違い、**高齢者にはとても優しい方法**であるといえます。

効果的な
リラクゼーション

リラクゼーションの効用

　リラクゼーションによって、ストレスを解消すること、軽減することができます。また、疲労を回復したり、安眠をもたらす効果もあります。**自然治癒力**や**免疫力**も高まるといわれ、心身の健康維持・増進に効果があります。

　ストレスを感じたとき、イライラとした気分になったとき、腹が立つことがあったとき、緊張したときなど、簡単にリラックス状態をつくる方法を身につけておくと、気分を静め、落ち着きを取り戻し冷静に判断・行動することができます。

リラクゼーションの主な効果・効用

- ストレスの軽減や解消
- 疲労からの回復
- 免疫機能を高め自然治癒力を向上させる
- 心身の緊張を緩和する
- ストレスによる疾患を予防する
- 心身の健康の維持
- ストレスをうまくコントロールできるようになる
- 良好な睡眠が得られる

簡単にできるリラクゼーション

　私たちが普段から行っているような次の行動も、**リラクゼーション効果**を得ることができます。

　ストレスがたまってきたなと感じたとき、気分がイライラしている

とき、何となく調子が悪いと感じるときなどに、意識的に行ってみるといいでしょう。

どんなときに、どのリラクゼーションが効くのか、自分で知っておくことも大切です。

身体をほぐす	・身体を伸ばす ・ストレッチ体操を行う ・マッサージをする ・ぬるめのお風呂に入る　など
呼吸を整える	・深呼吸する ・腹式呼吸を行う ・呼吸を数える　など
感情を解放する	・思いきり笑う ・思いきり泣く ・言葉に表す　など
感覚に働きかける	・好きな音楽を聴く ・好きな香りを嗅ぐ ・好きなものと触れ合う　など
その他	・食べる ・飲む　など

効果的なリラクゼーションを行うために

リラクゼーションを効果的に行うためには、「**身体**」と「**呼吸**」と「**心**」を整えることが大切です。身体を整えるためには、身体全体の筋肉を伸ばしたり緩めたりして筋バランスを整えるストレッチなどが有効です。

呼吸を整えるためには、「**ゆっくり、規則的に、長く吐く**」ことが原則です。私たちの身体の力は、息を吐くときに抜けていき、吐ききったところが一番脱力している状態だといわれています。

リラクゼーションを効果的に行うためには**「息を吐く」ことを意識する**ことが大切です。

H・ベンソンは心を整えるためには、「何らかの対象（言葉、文、筋肉運動などの繰り返しの作業）に心を向け、注意がそれたら繰り返しの作業に戻り、またそれたら戻る」が原則だといいます。
　集中しよう、しようと思うとかえって心が乱れます。注意がそれてもそのままやり過ごし、繰り返しの作業を続けることが大切なのです。

リラクゼーションにかける時間

　リラクゼーションにかける時間によっても、その効果に違いがあることがわかっています。
　一般に、リラクゼーションを開始して**３〜５分ぐらい**は緊張が緩む効果が大きく、長時間になってくると活性化する効果が加わります。
　たとえば、自己催眠を利用したリラクゼーション法として広く用いられている自律訓練法を実習すると、健康な人の場合、最初の５分くらいは血圧が下がりますが、10分も経つと逆に血圧は高くなることが多いといいます。
　肩こり、頭痛、高血圧、不眠症といった心身の緊張状態が直接関与している病態には短時間の実習でも効果がありますが、うつ状態や慢性疲労などのエネルギーの低下した状態には、長めの実習をすることが望ましいと考えられます。
　リラクゼーションを病気の治療や健康増進に利用し、持続的な効果を得るためには、毎日続けることが必要です。長期的に続けることによって、ストレスに対する抵抗力が増し、「**体質改善**」へ導くことも可能となります。

Step 1-4

その場でできる リラゼーション法

セルフケアとして、比較的簡単にできるリラクゼーション法を紹介します。

ため息呼吸法

とても簡単な方法で、時間や場所を選ばずにどこでもできます。身につけておくと、ちょっとしたときに、身体や心の緊張をほぐすのに役立ちます。高齢者にとっても覚えやすく、さまざまな場面で活用することができます。

方法

① 鼻から4〜5秒かけてゆっくりと息を吸いこむ。
② 吸いこんだ状態で1〜2秒息を止める。
③ 口をあけて一気に吐く。
④ 吐いた後1〜2秒息を止める。
⑤ これを3〜4回繰り返す。

深呼吸（腹式呼吸）

緊張したときによく行われる、手軽な方法です。腹筋を使って、深くゆっくり呼吸することで、副交感神経を優位にし、リラックス状態を促します。腹式呼吸には、**自律神経のコントロール効果**もありますし、気分を落ち着かせることができます。

> **方法**
>
> ①お腹に軽く手を当てる。
> ②お腹をふくらませるようにして、鼻からゆっくりと息を吸い込む。
> ③数秒間息を止める。
> ④口を小さくすぼめて、お腹をへこませるように、時間をかけて息を吐き出す。
> ⑤①〜④を4〜5回繰り返す。

イスを使っての深呼吸

　時間に余裕があり、座ったり、横になれる場所があれば、イスを使った呼吸法ができます。あまり形にこだわらず、ゆったりとした気分を味わい、**「体を休める」という感覚**を養ってください。横になっても行えます。

> **方法**
>
> ①イスに浅く腰をかけた状態で背中を背もたれにもたれかけさせ、ゆったり座る。
> ②足は前に楽に投げ出し、手は自然に開いて、手のひらを上に向けて太ももの上に置く。
> ③目を軽く閉じ、鼻からゆっくり息を吸って、口からゆっくり吐き出す。
> ④呼吸を繰り返しながら、肩や腕、足など、身体の力が抜けていることを感じて、心を落ち着ける。

身体を動かしながらの深呼吸

　ストレスを感じているとき、私たちの心が緊張しているのと同時に、肩や背中も緊張しているのです。深呼吸をするときに身体も一緒に動かすことで、心と身体の緊張をほぐしていきます。

> **方法**
> ①立って、足を肩幅に開く。
> ②鼻から息を吸いながら、両手を伸ばして横に上げる。
> ③手が肩の高さまであがったらそこで止め、呼吸も3秒止める。
> ④細く長く息を吐き出しながら、両手をゆっくり下ろす。
> ⑤最後に鼻から息を吸い込み、口から吐く（整えの呼吸）。
> ⑥①〜⑤を4〜5回繰り返す。

呼吸を数える練習

　これは簡単にできるリラクゼーション法ですが、**続けていくほどに効果があがる**ものです。毎日少しずつ続けていくと、ストレスへの抵抗力もついていきます。

> **方法**
> ①横になるか、イスに楽な姿勢で座る。
> ②ゆったりとした呼吸（軽い腹式呼吸）をする。
> ③息を吸って、吐いたら1、吸って、吐いたら2……と呼吸を数えていく。10までいったらまた1に戻る。
> ④気が散ったりして、途中で数がわからなくなったら、また1から始める。ただし一生懸命数える必要はない。
> ⑤①〜④を1回5〜10分、1日1〜2回行う。

瞑想法

　これは**ベンソンの瞑想法**と呼ばれている方法です。

> **方法**
>
> ①イスに深く座るか、横になり、目を閉じる。
> ②呼吸に意識を集中させ、息を吐くときに頭の中で「リラックス」という言葉を繰り返す。(言葉は「安心です」「平和です」「ありがとう」など。他の穏やかな言葉でもよい)
> ③①～②を10分間続ける。

　リラクゼーションの方法は、その他にも、催眠法、イメージ療法、バイオフィードバック療法などの他、泣くという方法もあります。アファメーションといって、自分で自分を励ますリラクゼーション法もあります。「私は私のままでいいのです」「私はみんなから必要とされる大切な人間です」などのように、自分に言葉をかけます。

　ここでのリラクゼーションの目的は、気分を静めることです。ストレスを受けると、不安やイライラが募ります。しかし、それを静めるとスッキリとしてずっと楽になり、冷静な判断ができるようになります。**気分的にリラックスした状態**をつくること、これはストレス・マネジメントにとって大変重要なポイントです。

Step 1

リラクゼーションの効果
理解度チェック

問題1　次の文章で適切なものには○を、間違っているものには×をつけなさい。

①プレッシャーに強い人は、プロセスを楽しむことができる。[　]
②ストレスに強くなるには、ユーモアも大切である。[　]
③まじめで几帳面な人は、プレッシャーに強い。[　]
④おとなしい人は、ストレスに弱い。[　]
⑤ストレスに弱い性格は、変えることができない。[　]

問題2　次の文章中の［　］内で正しいものを選びなさい。

①リラックス状態では、［　ア　交感神経　　イ　副交感神経　］が優位になる。
②副交感神経が優位のとき、消化管運動は［　ア　抑制　　イ　促進　］する。
③副交感神経が優位のとき、血管は［　ア　拡張　　イ　収縮　］する。
④副交感神経が優位のとき、膀胱括約筋は［　ア　収縮　　イ　弛緩　］する。
⑤ストレス状態の脳波は、［　ア　α波　　イ　β波　］が優位となる。

問題3　次の文章の［　］にあてはまる語句を、下記の語群から選びなさい。

リラクゼーションを効果的に行うためには、［　　］と［　　］と［　　］を整えることが大切です。呼吸は、［　　］、［　　］、［　　］吐くことが原則です。

---語群---
①身体　②心　③筋肉　④呼吸　⑤姿勢　⑥早く　⑦ゆっくり
⑧規則的に　⑨変化をつけて　⑩短く　⑪長く

問題4　次の文章で適切なものには○を、間違っているものには×をつけなさい。

①ため息呼吸法では、息を吸い込んだ状態で1〜2秒止めた後、ゆっくり吐き出す。[　]
②深呼吸は、胸式呼吸である。[　]
③深呼吸は、4〜5回繰り返すとよい。[　]
④呼吸を数えるリラクゼーションは、続けていくほど効果があがる。[　]
⑤ベンソンの瞑想法は、1時間続ける。[　]

Step1 Check Answer

リラクゼーションの効果
理解度チェック 解答と解説

問題1

① ○ 結果だけを見るのではなく、経過を楽しむことができる人は、プレッシャーをはねのけることができます。
② ○ 少々の失敗なら笑い飛ばし、他人に対してもおおらかに接することができます。
③ × 責任感が強すぎると、何でも自分で抱え込んでしまい、プレッシャーに押しつぶされてしまうことも多いです。
④ ○ はっきり断れなかったり、自分の意見を言えない人は、ストレスに弱いといえます。
⑤ × 性格を変えることは難しいですが、できないわけではありません。

問題2

① イ リラックス状態は、身体的にも精神的にも、緊張やストレスから解放された状態をいいます。
② イ 交感神経が優位のときは、消化管運動は抑制されます。
③ ア 副交感神経が優位のときは、血圧は低下し、末梢循環は増加します。
④ イ 副交感神経が優位のときは、筋肉は緩みます。
⑤ イ リラックス状態では、α波がみられます。

問題3

リラクゼーションを効果的に行うためには、[①] と [④] と [②] を整えることが大切です。呼吸は、[⑦]、[⑧]、[⑪] 吐くことが原則です。
①身体 ④呼吸 ②心 ⑦ゆっくり ⑧規則的に ⑪長く
リラクゼーションを効果的に行うためには、「息を吐く」ことを意識す

ることが大切です。

問題4

① ×　息を止めた後は、口を開けて一気に吐きます。
② ×　深呼吸は、腹式呼吸です。
③ ○　イスを使った深呼吸や、身体を動かしながらの深呼吸も効果的です。
④ ○　毎日、少しずつ続けていくと、ストレスへの抵抗力もついていきます。
⑤ ×　ベンソンの瞑想法は、10分間程度続けます。

Step 2
さまざまなリラクゼーション法

　習得したり、実施したりするのに少し時間はかかりますが、方法を知っていると、応用も利いて役に立つリラクゼーション法をいくつかみてみましょう。

自律訓練法

　自律訓練法とは、意識的に身体の緊張をほぐしながらリラックスする方法です。意識的に身体の緊張をほぐすといっても、能動的に意識を集中させようとするのではなく、「**受動的注意集中**」とよばれる状態になることが大切です。リラックスするぞと気張るのではなく、緊張をほぐす言葉を心の中で繰り返しながら、身体も心もリラックスしていきます。自律訓練法の特徴は、「**心から身体へ**」ではなく「**身体から心へ**」働きかけ、身体の緊張を解くことで、心の緊張を解いていく点です。身体がリラックスしている状態を意識的に作り、結果的に心もリラックスした状態にしていきます。

漸進的筋弛緩法

　漸進的筋弛緩法は、アメリカの生理心理学者であるジェイコブソンによって体系化されたリラクゼーション法です。
　筋肉に力を入れたとき（緊張）の感覚と、筋肉を緩めたとき（弛緩）の感覚を繰り返し感じることによって、**系統的に段階的にリラクゼーションを行う方法**です。全身の筋肉をいくつかの部分に分け、筋肉を緊張させてから弛緩するという過程を繰り返します。少し時間はかか

りますが、全身の筋肉が効果的に弛緩するのを感じることができ、リラクゼーション効果が実感できます。

イメージ・トレーニング法

プロスポーツ選手が、競技の前に、目を閉じて、これから行う競技についての望ましい状態を**イメージする**ことで集中力を高めている姿を目にしたことがあるでしょう。イメージ・トレーニング法とは、リラックスした状態や望ましい状態をイメージすることで、緊張をほぐしたり、集中力を高めたり、効率・効果を高めたりする方法です。

ストレッチ体操

ストレッチ体操は、適度に筋肉を伸ばすことで**身体の緊張をほぐし、心の緊張をほぐす方法**です。特に、普段あまり使っていない筋肉を使うと、交感神経に適度な刺激が与えられ、ストレスや疲労回復、気分転換などに効果があります。ただし、絶対に無理はしないことです。

ストレッチ体操に限らず、適度な運動は身体の緊張をほぐし、安静時の心拍数を減少させ、ストレスに対する耐性を高めることがわかっています。

高齢者がリラクゼーション法を実施する場合

高齢者でもこれらのリラクゼーション法を実施することは可能です。

ただし、持病がある場合は主治医に相談したり、身体に不調がある場合には無理には行わないほうがよいでしょう。もし、健康体であるのなら、挑戦してみてください。高齢になるとなかなか目新しいことに挑戦することがおっくうになるものですが、メリハリを作る毎日の習慣として取り組んでいただければいいでしょう。

自律訓練法

自律訓練法(Autogenic Training)とは

　自律訓練法は、リラクゼーション法として最も代表的なものの1つです。名前を聞いたことがあっても、特殊で難しい方法というイメージを持っている人もいるかもしれません。しかし、**少しのコツ**をつかめば、決して難しくはありません。慣れてくれば**数分で心身共にリラックス**できるようになります。

自律訓練法の適応

　自律訓練法が最も効果的なのは**心身症**に対してであるといえます。自律訓練法により心身をリラックスさせ、不安感や緊張感を改善させることによって、心身症の身体症状を緩和することができます。

　基本的に、不安感や緊張感のあるメンタル疾患であれば、その多くでは自律訓練法が使えます。

　自律訓練法は、心身症や神経症などの疾患に用いられますが、医療機関で治療を受けている場合は、主治医と相談してから導入した方がいいでしょう。

　メンタル疾患だけでなく、身体疾患や身体の不調があるときも、試してみるには注意が必要です。

高齢者と自律訓練法

　自律訓練法は、心身が緊張しやすく、リラックスするのが苦手で、大

事なときほど硬くなり、本来の実力を発揮できないようなタイプの人に有効です。

仕事で忙しかったり、人間関係で悩んでいたりして、ストレスによる緊張状態から抜け出せずにいる人にも役に立ちます。

軽度の入眠困難がある場合、睡眠薬を使う前に、自律訓練法によって寝付きを良くすることを試してみる価値はあります。

自律訓練法の効用

自律神経のバランスが回復することによって、体調全般を整える効果が期待できます。動悸がおさまり、呼吸も安定して、胃腸の動きもよくなってきます。自律神経が正常に働くことで、ホルモン分泌や免疫機能も正常化します。イライラ、緊張、集中困難、抑うつ感などの精神症状も緩和します。自律訓練法は、ストレスによる**身体症状**と**精神症状**の両者を改善する作用のあるリラックス法です。

自律訓練法の実施手順

①準備

温度、音、照明などに配慮して、できるだけくつろげる部屋で行います。リラックスできれば、ベッドでもソファでもかまいません。慣れてくると、仕事の合間やバスや電車の中でもできるようになります。

ベルト、ネクタイ、腕時計など、身体を圧迫しているものはなるべく外すようにします。トイレはすませておき、空腹時は避けます。

②実施手順

軽く目を閉じて、身体の力を抜きます。ソファならゆったりと背も

たれに身をあずけ、息をゆっくりと吐くようにします。

　以下のあらかじめ決まった形式（公式）を、心の中でイメージしながら繰り返し唱えます。

　公式は7段階に分かれますが、最後まで進む必要はなく、途中の段階でも十分に効果はあります。練習時間は1回 **3〜5分**、1日1〜3回程度でよいでしょう。

公式①　気持ちがとても落ち着いている

　心の中で、「気持ちがとても落ち着いている」と唱えます。ゆっくりと息を吐くようにして、吐くときに全身の力を抜くようにします。吐く息と一緒に、身体の緊張も外に出て行くようなイメージです。

公式②　手足が重たい

　右腕（利き腕）に気持ちを向けて、右手の指先からスーッと力を抜いていきます。力を抜いて自然な重さを感じます。そして「右手が重た〜い」と数回ゆっくりと唱えます。

　次に左手も同様に重さを感じるようにします。両手が自然な重さで下に沈み込んでいくのを感じます。

　次に両足についても同様に力を抜きます。

公式③　手足が温かい

　重さを感じながら力を抜いていくと、徐々に温かさを感じるようになります。そして「右手が温か〜い」と数回ゆっくりと唱えます。左手、両足と進んで「両手足が温か〜い」と唱えます。両手足の力が抜けて、ポカポカと温かく感じるようになってきます。

　慣れてきたら以下の段階へ進んでいきます。

公式④　心臓が静かに規則正しく打っている
公式⑤　呼吸が楽にできる
公式⑥　お腹が温かい
公式⑦　額が気持ちよく涼しい

> **自律訓練法の練習手順**
>
> 公式①（背景公式）気持ちがとても落ち着いている。
> 公式②（四肢重感公式）両手両足が重たい。
> 公式③（四肢温感公式）両手両足が温かい。
> 公式④（心臓調整公式）心臓が静かに規則正しく打っている。
> 公式⑤（呼吸調整公式）楽に呼吸できる。
> 公式⑥（腹部温感公式）お腹が温かい。
> 公式⑦（額部冷感公式）額が気持ちよく涼しい。

実施にあたっての注意点

　自律訓練法では、「**受動的注意集中**」と呼ばれる状態が大切です。これは、注意は向けているのですが、能動的に意識を集中させるのではなく、ぼんやりとした状態で何となく意識を向けることをいいます。

　1回3分から5分程度が適当であるといわれますが、最初のうちは、「受動的注意集中」を維持することが難しければ、**1分くらいでやめる**のがいいでしょう。

　一種の軽い催眠状態に入っていますので、終了するときは必ず以下のような**消去動作**を行います。

　両手のこぶしを握って手を開きます。次に、胸元に腕を引きつけて、思い切り手を伸ばします。最後に2、3回、大きく背伸びをしながら、腹式呼吸で深呼吸します。

　実施直後は、めまい、脱力感、ふらつき、もうろう状態などがみられることがあるので、注意が必要です。

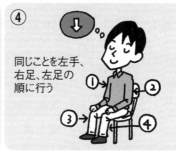

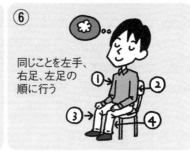

Step 2-2

漸進的筋弛緩法

漸進的筋弛緩法(Progressive-Muscle Relaxation、PMR)とは

漸進的筋弛緩法は、**身体も心もリラックスした状態**を作り出そうとするものです。ストレス状態の筋肉の緊張を認識し、それを緩める方法を身につける練習をします。

漸進的筋弛緩法の効用

こんな遊びをしたことはありませんか?

友だちに腕をつかんで押してもらい、自分はそれに反発するように腕に力を入れる。少しの間、その状態を続けると、友だちが手を離しても、腕が勝手に動いていってしまう。

ヒトの筋肉はこのように、ある力に対するクセを持ってしまうことがあります。いつも緊張している人は、知らず知らずのうちに身体をこわばらせ、筋肉も緊張させています。「リラックスしてください」と言われて、本人は力を抜いたつもりでも、実は筋肉はまだまだ緊張した状態にあることが多いのです。

この筋肉の緊張を解きほぐさない限り、本当の意味での弛緩はあり得ません。筋肉の緊張が長く続くと、身体の働きにも影響して、健康を損なう場合もあります。自分でも意識しない身体的緊張が、心の奥底を常に緊張させていることにもなります。

ところが、私たちは意外と筋肉の緊張を自覚しておらず、筋肉をリラックスさせるといっても、どうしたらいいかわからないということがよくあります。ですから漸進的筋弛緩法で、**筋肉が弛緩した状態を**

実感することが大切なのです。

　また、筋肉の緊張－弛緩を繰り返すうちに血液の循環も良くなり、さらにリラックス状態が促されていきます。

漸進的筋弛緩法の実施手順

　実施方法や手順にはいくつかのやり方がありますが、基本的に身体全体の筋肉をいくつかの部分に分け、それぞれの部分の筋肉を**緊張させる→弛緩させる**、を繰り返します。

　本格的な漸進的筋弛緩法は、全過程を行うには時間もかかり、習得も大変なので、ここではイスに座ったままでもできる簡易的な筋肉リラクゼーション法を紹介します（P178参照）。

①準備

　できるだけリラックスできそうな場所で行います。できればゆったりと座れるカウチやソファがあるとよいでしょう。

②実施手順

　イスに深く腰掛け、身体をだらんとさせます。そのまま軽く目を閉じて静かに深呼吸をします。

　以下の順番で、筋肉の緊張（5秒程度）とリラックス（30秒程度）を、各部分3回程度繰り返します。

　筋肉を緊張させるときには、7～8割ぐらいの力を入れ、筋肉が緊張しているときはどう感じられるか、筋肉はどうなっているのかを感じ取ります。

　その後、吐く息とともに力を抜きながら、筋肉が緩んでいくのを実感します。筋肉が緩んでくると、緩んだ箇所が暖かくなるような感覚や、血流がよくなった感覚を覚えます。

> **順番**
> 両手→目→口→顔→両肩→腹部→つま先→全身の力を抜いて、リラックス

実施にあたっての注意点

　気をつけたいのは、**筋肉が震えるほどの力を加えない**ということです。

　すべての部分を行わなくても、緊張を感じている部分だけ行うこともできます。気分転換をしたいときやちょっと疲れたと感じるときに行い、自分の健康管理に役立てることができます。

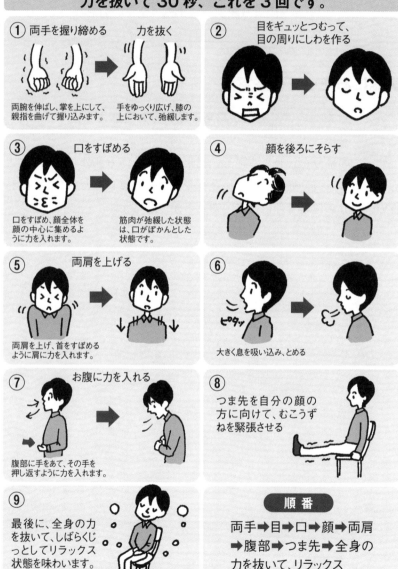

Step 2-3 イメージ・トレーニング法

イメージ・トレーニング法とは

　人前で話をするとか、成果を大勢の仲間たちに見せなければいけないときに、「失敗をしたらどうしよう」などと心配し、悪い方にイメージをしてしまうと、本当に失敗してしまうということがあります。

　逆に「大丈夫、自分は落ち着いているし、うまくいく！」とイメージすると、実際にもうまくいくことがあります。イメージするという行為は、私たちの行動において大きな役割を果たしています。

　誰かの行動を見て、「自分だったらこうする」と思うことがよくありませんか？　自分が実際にその状況下に置かれた場合のことを想像しながら、「ここではこうする」とか「あそこであの人は失敗したから、自分はこんな風にする」などと考えながら、成功をイメージしたりしませんか？

　私たちは日常生活の中で、よくこうしたイメージを使っています。今あげたいくつかの例のように、イメージは良くも悪くも、私たちの**心身に影響する**のです。

　このイメージをうまく利用して、心身の緊張をほぐし、リラックス状態に促すのがイメージ・トレーニング法です。

イメージ・トレーニング法の効用

　イメージ・トレーニング法は、上手に利用すれば集中力を高め、スポーツ練習や仕事の効率を高めることができるといわれています。

　ストレスを解消したり、自分の心の健康状態を良く保つためにも使

われます。自分の弱点を克服したり、性格改善や人間関係改善などの方法としても使われます。

ここでは**リラクゼーション法**としてのイメージ・トレーニングに絞ってみていきたいと思います。

イメージ・トレーニング法の実施手順

①準備

静かでゆったりとできる場所で、まわりを少し暗くして行います。メガネ、ネクタイ、時計などを外し、ベルトをゆるめて、ゆったりとリラックスした姿勢がとれるようにします。

背もたれのあるイスにゆったり座るのが一般的なやり方ですが、横になって行うこともあります。

②実施手順

静かに目を閉じて、鼻から息を大きく吸って、ゆっくりと吐き出し、呼吸を整えます。

「気持ちが落ち着いてきている」と、心の中で繰り返します。

気持ちが落ち着き、身体も心もリラックスしてきたところで、明るく気持ちのいい場所・状況をイメージします。海、山、草原など自然の風景でも、自分の部屋やお気に入りの場所でも、温泉に入っている、好きな人と一緒にいる、ペットと戯れているところでも構いません。自分が「気持ちいい」と感じられるものにします。

さらに、色や辺りの様子、音、におい、肌触り、温かさや冷たさなどをできるだけ具体的に思い描いてください。

その情景の中で心身ともにリラックスしている自分を想像します。

『私は今とても好きな場所で、安全にそしてとても楽しいひと時を過

ごしています』

　このように、今置かれている状況に意識を集中させ、楽しんでください。

> **例1**
> 春の穏やかな1日、海岸を暖かい日差しを身に受けながら、
> ゆっくりと散歩します。
> 潮のにおいを含んだ風は少し冷たく、
> 寄せては引く波の音とともに、心地よく感じられます。

> **例2**
> 「安心・安全・くつろぎ・幸せ・楽しい」などの言葉から、
> イメージする色、におい、肌触り、音などを思い浮かべ、
> それを身体で感じます。

　1分ほどしたら、ぐーっと背伸びをして、ゆっくり身体を伸ばします。そして目を開けます。

実施にあたっての注意点

　ヒーリング効果の高い音楽やゆったりとしたテンポで落ち着ける音楽、自分が落ち着ける好きな音楽を流しながら行うといいでしょう。
　頭の中で具体的なイメージが上手くできていないと思われる場合は、手助けしてあげることも必要です。
　写真や映像を見ながらイメージをつくりあげたり、どんな状況が「気持ちいい」のか、言葉に出してみたり、思い浮かべる情景を一緒に探します。イメージ・トレーニングは、**1日2回**、朝起きたときと夜寝る直前ぐらいに行うと効果的です。仕事の休憩時間中や気分転換をしたいときに行うのもおすすめです。

ストレッチ体操

ストレッチ体操とは

　気持ちよく筋を伸ばすことで身体の緊張をほぐし、また心の緊張をほぐす方法です。特に、普段あまり使っていない筋肉を使うと、自律神経に適度な刺激が与えられ、ストレスや疲労回復、気分転換などに効果があります。

ストレッチ体操の効果

　ストレッチには、健康な身体作りという側面と、精神的ストレス解消の側面があります。

　ストレッチにより、適度な刺激を受けて新陳代謝が活発になり、筋肉に弾力性がつけば、筋肉の質が高まります。身体の柔軟性が高まり関節の可動範囲が広がれば、日常生活における身体への負担が少なくなります。また、ケガをする危険性をも低くします。

　特に高齢者にとって、無理のない範囲でのストレッチ体操は大切な**身体を動かす機会**となります。

　気持ちよく筋を伸ばすと、終わったあとに「すっきりした」という爽快感が残りますので、**精神的なストレス解消**にも効果的です。

　2人1組で行うストレッチはいいコミュニケーションにもなります。

ストレッチ体操の実施手順

①準備

　いつでもどんなところでも行えるのがストレッチ体操のよいところですが、安全面には十分に気をつけます。横になってする体操を行うときには、バスタオルやクッションを使うといいでしょう。また寒い時期に行うときには、身体を動かし、温めてから行うことも大切です。身体が冷え切ったままではかえって筋肉を痛め、重大なケガのもととなります。また、体操は動きやすい服装で行います。気軽に行えるストレッチ体操ですが、高齢者は、**決して無理をしない**でください。もうちょっとで届くのにと、ひとがんばりしてしまうことは避けます。

ストレッチ体操のポイント

①**強いはずみ（反動）はつけないで、ゆるやかに伸ばすこと**：反動をつけるとかえって筋肉を痛め、ケガのもとになります。
②**「気持ちいい」でやめる**：「痛いけどがまん」は絶対に禁物です。
③**息を吐きながら伸ばす**：呼吸を止めないように気をつけます。1回で伸ばしきるのではなく、まず息を吸って吐きながら伸ばし、そのままもう一度息を吸って、吐きながらさらに伸ばすと、より効果的です。
　筋肉を伸ばすときは、15〜30秒程度かけるのがいいでしょう。
　また、ストレッチをするときは、弛緩させる部位を意識することが大切です。息を吸うときも、吐くときも、できればその部位を見ながら行うと効果的です。

②実施手順

　P184からのイラストにそって実践してみましょう。

首のストレッチ

各部分のストレッチは、どこを伸ばそうとしているのかを意識しながら、5〜30秒、4〜5セットくり返します。

①

顔をゆっくり上に向けて、あごから胸にかけての筋を伸ばす。

②

次にゆっくりと下を向き、首の後ろから背中への筋を伸ばす。

③

さらに、首を左右にゆっくりと倒し、耳から肩までの筋を伸ばす。
＊このとき首を倒す反対側の肩が上がらないように注意する。
＊高齢者の場合には反対側の方を軽く抑えてあがらないように補助する。

④

あごを大きくゆったりと回す。一呼吸で一回りさせ、逆方向にも回す。
＊下や左右に曲げるとき、手を使って頭を抱えるようにして行ってもよい。
＊高齢者の場合にはぐるっと一周回さず、半周だけにする。

肩から腕にかけてのストレッチ

①

両手を頭の後ろに回し、右手のひじを左手でゆっくり引っぱり、腕の筋を伸ばす。次は左ひじを右手で引っぱる。
＊姿勢はまっすぐ、腰がそらないように注意する。
＊高齢者の場合には、後ろにひっくり返ってしまわないよう背中に手を当てて、軽く支える。

②

腕の力を抜き、肩をゆっくり大きく前回し、後ろ回しする。

③

両腕を組んで伸び上がり、伸びきったら力を抜いてダラリと腕をたらす。
＊腕があがらない人は、腕を前にあがるところまであげて、脱力する。

体側のストレッチ

①

両足を肩幅に開き、手を組んで上に伸び上がり

そのまま右に倒れる。このとき重心は左足、腰は左に押し出す感じで、身体の横の筋を伸ばす。逆も同じようにする。

②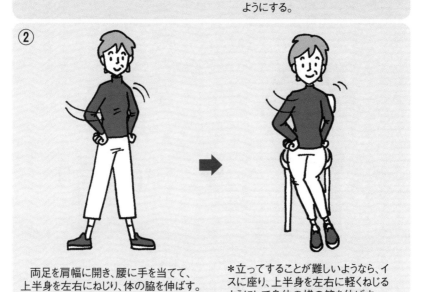

両足を肩幅に開き、腰に手を当てて、上半身を左右にねじり、体の脇を伸ばす。

＊立ってすることが難しいようなら、イスに座り、上半身を左右に軽くねじるようにして身体の横の筋を伸ばす。

背中から腰のストレッチ

①

仰向けに寝そべり、手は軽く横に広げる。右ひざを立てて左側に倒し、背中から腰の筋を伸ばす。顔は右に向けること。逆も同じようにする。

②

ひざを抱えて丸くなり、ひざと額を近づけるようにして、背中の筋を伸ばす。

脚のストレッチ

①

腰に手を当ててまっすぐ立ち、上体を傾けながら脚の筋を伸ばす。

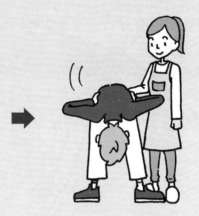

＊バランスを崩して倒れないように、軽く腰に手を当ててあげる。

②

壁などに前向きで寄りかかり、ゆっくりアキレス腱を伸ばす。

各部分のストレッチが終わったら、最後に、伸ばした筋肉を軽く叩いてほぐします。無理は絶対に禁物です。

ストレッチをやりすぎて体に負担がかかったのでは意味がありません。少しずつ、気持ち良くなるように行ってください。

実施にあたっての注意点

　必ずこの順番でこのようにしなければならないというわけでははありません。時間やスペース、自分のコンディションや必要に応じて行うといいでしょう。ただし、ストレッチ体操の効果を最大に引き出すには、**毎日行う**こと、身体の一部だけではなくできるだけ全身を伸ばすことが大切です。

　高齢者の場合には筋力が衰えていたり、身体のコンディションによってできないものもありますので、細心の注意が必要です。ちょっとしたことが大怪我につながりますので、くれぐれも**無理をしない**ように気をつけてください。

Step2 さまざまなリラクゼーション法
理解度チェック

問題1　自律訓練法の公式を順番に並べなさい。

①お腹が温かい
②手足が温かい
③手足が重たい
④気持ちがとても落ち着いている
⑤楽に呼吸できる
⑥心臓が静かに規則正しく打っている
⑦額が気持ちよく涼しい

[　　]→[　　]→[　　]→[　　]→[　　]→[　　]→[　　]

問題2　漸進的筋弛緩法の実施に関する次の文章で、間違っているものを1つ選びなさい。

①できるだけリラックスできる場所で行う。
②簡易版では、30秒程度の筋肉の緊張と、5秒程度のリラックスを繰り返す。
③緊張と弛緩は、3回程度繰り返す。
④筋肉が震えるほどの力は加えない。
⑤緊張を感じている部分だけ行っても効果はある。

問題3　次の文章で適切なものには○を、間違っているものには×をつけなさい。

①悪い方にイメージすることで、本当に失敗してしまうことがある。
　[　　]

②イメージ・トレーニング法は、集中力を高める効果もある。[ ]
③イメージ・トレーニング法は、室内をできるだけ明るくして行う。[ ]
④イメージ・トレーニング法では、においや肌触りなどもイメージする。[ ]
⑤イメージ・トレーニングは、頭の中でイメージすることが重要なので、写真や映像は用いない。[ ]

 問題4 ストレッチ体操に関する次の文章のうち、最も適切なものを1つ選びなさい。

①反動をつけて伸ばす。
②痛くてもある程度はがまんする。
③必ず1人で行う。
④順番や方法など、決まったものがあるわけではない。
⑤やればやるほど効果がある。

Step2 Check Answer
さまざまなリラクゼーション法
理解度チェック 解答と解説

> 問題1

④→③→②→⑥→⑤→①→⑦

7段階の公式を、心の中でイメージしながら、繰り返し唱えます。

> 問題2

② 簡易版では、5秒程度の筋肉の緊張と、30秒程度のリラックスを繰り返します。

> 問題3

① ○ イメージは、良くも悪くも、私たちの心身に影響します。
② ○ ストレス解消、人間関係改善などの方法としても有効です。
③ × 室内は少し暗くして行います。
④ ○ イメージして、身体で感じます。
⑤ × 具体的なイメージがうまくできない場合など、写真や映像で補います。

> 問題4

① × 反動はつけないで、ゆるやかに伸ばします。反動をつけると、かえって筋肉を痛めることがあります。
② × 「痛いけどがまん」は禁物です。「気持ちいい」でやめます。
③ × 2人1組で行うストレッチは、コミュニケーション効果も期待できます。
④ ○ 時間やスペース、自分のコンディションに応じて実施します。
⑤ × やりすぎは身体に負担がかかり、逆効果となることがあります。

Part5

老いの心理と高齢者ケアの現状

Step 1

高齢期に特徴的な心理

　人は誰でも年齢を重ね、老い、やがて死を迎えます。高齢期には、老いを自覚し、受け入れること、そして、遠くない未来に訪れる死に向き合うことが課題となります。

老いを"自覚すること"

　人が**老いを自覚する**のは、どういうときなのでしょうか？
　多くの人は身体の衰えや、容姿の変化を感じたときに老いを自覚するようです。
　心の面では、出かけることがおっくうになったり、新しいことをしようという気力がわかなくなったときかもしれません。
　環境面では、退職したり、子どもが独立したり、配偶者や友人が亡くなったり、さまざまな変化が訪れたときに老いを感じやすくなるようです。
　このようなさまざまな変化が重なって、またその人の健康状態やパーソナリティや価値観ともあいまって、老いは自覚されていきます。

老いを"受け入れること"

　"**自覚すること**"と"**受け入れる**"ことは別の問題です。老いを受け入れるのは、また別のプロセスです。
　自分が高齢者だと自覚する年齢には個人差がかなりあり、実年齢とは必ずしも一致しません。ですが、自分が自覚する、しない、または受け入れる、受け入れないは別として、誰もが年齢を重ねていけば「高齢者」になるのです。
　高齢期の発達課題は、「老い」や「自分の人生」を受け入れ、**肯定的**

に「**人生を完結させる**」ことであるといえるでしょう。

　老いるということがどのようなことなのか、どのような現象が起きてくるのかを前もって知っておくことで、本人にとっても、そのショックはいくらか和らぎ、受け入れやすくなるでしょう。

"死"とどう向き合うか

　誰もが例外なく、いつかは"死"を迎えます。しかし、生きているうちは、誰も死を経験したことがありません。未知であるが故、死は私たちにとって、畏怖の対象となります。

　死は、ライフサイクルの中で誰もが必ず直面する、最大の課題ともいえます。

　一般に、死は「終わり」を意味します。人生に後悔ややり残したことがあると、「**まだ終わりたくない**」という気持ちが強くなります。自分の今までの人生を肯定的に受け止められない場合は、死は恐怖となり、「**絶望**」となるのです。

高齢期の社会的役割

　高齢者が実生活の中で向き合わなければならない具体的な課題としては、自分自身または夫婦の生活を守りながら、社会的な役割の変化や、退職などの経済面の変化、身体の衰えなどに対処していかなければなりません。

　家庭内においても、中心的な役割を子どもたちに譲り、世代交代をしなければなりません。

　高齢者は、今まで培われてきた知恵、知識、経験を子どもや孫たちへ、または地域社会の中に還元していく役割があるのです。

人生の完結期における課題

ライフサイクルとエリクソンの発達課題

　ライフサイクルとは人生の周期のことで、「人間の一生にはいくつかの発達段階があり、それぞれの発達段階には特有の課題がある、それぞれの心の発達が次の段階に大きく影響する」と考えられています。そこには、身体の成長に順番があるように、心の成長にも順番があるという考え方があります。

　エリクソンは、人格の発達を8つの段階に分け、各段階で発達課題を達成できないと、さまざまな適応上の問題が生じるとしています。

発達段階	発達課題
①乳児期	基本的信頼　対　不信
②幼児期前期	自律性　対　恥と疑惑
③幼児期後期	積極性　対　罪悪感
④学童期	勤勉性　対　劣等感
⑤青年期	自我同一性　対　同一性の混乱
⑥成人期初期	親密性　対　孤立
⑦成人期後期	生殖性　対　停滞感
⑧老年期	自我の統合　対　絶望感

老年期の発達課題と克服

　これまでの人生を振り返って受容する**自我の統合**が課題となりますが、失敗すると絶望感を抱くことになります。

　老年期は、「人生の完結期」として重要な意味を持ちます。ちょうど一生をかけて描いてきた自画像の仕上げをするようにです。年老いる

というと否定的な面ばかりが取り上げられがちですが、決してそれだけではありません。年をとってからでなければわからないこと、見えないことも多くありますし、最後の完結期をどう過ごすかで、その人の一生が良くも悪くも大逆転することがあるのです。

老年期にあたる最終段階の課題は、「自分の人生を受け入れ、これから来ようとしている死に向き合うこと」とも言い換えられます。

それまでの発達段階において、課題をクリアし、自分なりの充実した人生を送ってきた人は、それを自分の人生として受け入れることができます。

しかし、人生のどこかでつまづいたり、やり残したことがあると感じている場合には「やり直したいのに、もう時間がない」という**絶望感**に襲われます。

老いるということは、自分の人生が終わりに近づいていることを自覚することでもあります。そうして人は、自分の人生を点検する作業に入っていきます。この作業を支えるのは自分の過去に対する肯定的な気持ちです。「自分が生まれてきたこと、生きてきたことに意味があった」と思う気持ちです。どんな人であれ、老年期に至るまでのさまざまな体験の中には、つらいこと、悲しいこと、苦しかったことも多く含まれています。しかし、それらの出来事が、すべて自分の精神的な成長のためには必要なものであったと、**肯定的に受け止められる**かどうかが重要なポイントとなってきます。

死の受容過程

人が死に至るときの心理プロセスを研究したエリザベス・キューブラー＝ロスは、人が死を受容するまでのプロセスを5つの段階に分けました。

否認 → 怒り → 取引 → 抑うつ → 受容

否認

　死に至るような病気を宣告されるなど、死に直面した場合、人は「そんなはずはない！　私が病気であるはずがない！」「診断は何かの間違いだ」と、まず自分の病気や死を**否定**しようとします。

怒り

　病気が現実のことで、死が避けられないとなると、病気になった自分や周囲に対して、**怒り**が出てきます。
「なんで自分なんだ？　どうしてあの人じゃないんだ？」「なんで自分だけがこんな目に遭わなければいけないんだ!?」などのようにです。

取引

　怒りが収まると、神、または神に代わるものを対象として**取引**が始まります。
「もしこの病気が治ったら、残りの人生は他の人のために捧げます！」「病気を治すためなら、財産を全部使ってもいい」「この病気が治るなら何でもします！」と必死にすがります。

抑うつ

　取引が成立しないとわかると、「末期がんなら、何をしてもどうせ無駄だ」などと、次第に気分が落ち込み、食欲が無くなり、不眠となり、希望が持てず、口数が少なくなるなどの**抑うつ**反応が出てきます。

受容

　やがて、「死は誰にでも訪れる自然なことだから、受け入れよう」と自分の死を受け入れる**受容**の時期を迎えます。受容は積極的に死を受け入れていくものですが、あきらめは消極的な受け入れです。

　もちろん死にゆくすべての人がこのプロセスを通るわけではなく、否認したまま死を迎えることもあります。2つの段階が同時に起こったり、一時的に逆戻りすることもあります。

悲嘆のプロセス

「死に至る病気を宣告された」というほど直接的ではないにせよ、老いを感じ始め、死を意識し出したときに、人は同じようにこのプロセスを通っていきます。

また、このプロセスは、人が何かを失ったときに、そのことに適応していく**悲嘆のプロセス**でもあります。親しい人の死や、自分にとって大切なもの、たとえば健康、仕事などを失ったときにも同じようなプロセスを通ります。

死や喪失を否認しようとすればするほど、穏やかな受容の時期は遠ざかります。死や喪失と向き合い、自分のものとして、現実のこととして受け止めたときにはじめて、本当の意味で自由になれるといえるでしょう。

老いと心身の変化

ホメオスタシスの低下

　加齢に伴って、ホメオスタシスの低下がみられます。ホメオスタシスとは、恒常性ともいい、人体に備わっている、体温、体液量、電解質濃度などの内部環境を一定に維持しようとする働きです。ホメオスタシスの低下とは、自律神経系、内分泌系、免疫系の3つの機能が低下して、バランスが崩れた状態であるということができます。

　加齢に伴い、実質細胞数が減少し、細胞内液量が減少します。このため、**体内水分量は減少**し、高齢者では体重の約50％となります。

　実質細胞数の減少で、各臓器の重量は減少します。脾臓や胸腺の減少が著しく、次いで、骨格筋や骨組織での減少がみられます。これらと比較すると、心臓、肺、脳など、生命維持により重要な組織の細胞数の減少は、緩やかであるといえます。

　体脂肪以外の除脂肪組織の重量が減少するので、体重あたりに占める脂肪組織の割合は、若年者に比べて高くなります。

加齢に伴う身体の変化と日常生活への影響

　加齢に伴うさまざまな機能の低下は、日常生活にも影響を及ぼします。

加齢に伴う身体の変化		日常生活への影響など
バイタルサイン	体温低下	病気で発熱しにくくなる、リズムの変化による睡眠への影響
	脈拍の乱れ	不整脈の頻度増加
	呼吸機能低下	肺活量、1秒率などの低下、残気量の増加
	高血圧傾向	血管壁抵抗増加による収縮期血圧の上昇、動脈硬化進行による疾患リスク増
腎機能	糸球体ろ過値、腎血流量、尿細管再吸収能など低下	飲んだ薬が長く体内に留まることになり、薬の作用が増強したり、副作用が出現しやすくなる
嚥下・消化機能	咳反射・嚥下反射低下	嚥下障害が起こりやすくなる、誤嚥性肺炎を起こしやすくなる
	唾液分泌量低下	食欲低下、低栄養になりやすくなる、味覚低下で濃い味付けを好むようになり塩分過剰摂取の危険性も
	消化吸収能低下	
	腸の蠕動運動低下	便秘傾向、逆流性食道炎を起こしやすい
運動・感覚器	視力低下	近方視力低下（老視）、水晶体白濁による白内障、黄斑変性による黄斑変性症
	聴覚低下	高音域から始まる老人性難聴、言葉が聞き取りにくくなる
	平衡感覚低下	ふらつきやめまい、転倒の危険性
	運動神経の伝達速度鈍化・筋力低下	転倒、骨折の危険性
	骨量減少	
	知覚神経鈍化	熱感、冷感の鈍化、気づかないうちに低温やけどの危険性

高齢者の脱水

　高齢者は、若年者に比べて体内の水分量が少なく、また、口渇（のどや口の渇き）も感じにくくなるので、**脱水**に陥りやすいです。

　急性疾患で、水・電解質異常を伴うことも多く、多臓器障害や神経・精神症状を合併することも多いです。

脱水の原因		食事摂取不良、下痢、発熱、高血糖、消化管出血、熱中症、利尿剤服用など
脱水の症状	自覚症状	口渇、立ちくらみ、食欲不振、頭痛、嘔気、全身倦怠感など
	他覚症状	舌の乾燥、尿量減少、体重減少、日常生活動作（ADL）の低下、意識障害など

高齢者の排尿障害

　加齢に伴い、尿をためる機能が低下し、急に強い尿意を感じてがまんできなくなるという症状が生じることがあります。**過活動膀胱**といいます。また、尿の濃縮力も低下し、尿意の間隔が短くなったり、夜間頻尿となったりします。高齢者の排尿障害に尿失禁があり、次のような種類があります。

種類	症状	特徴
切迫性尿失禁	強い尿意があり、がまんできずに漏れる	男女問わず、高齢になるとみられる
腹圧性尿失禁	咳、くしゃみ、笑ったときなど腹圧がかかったときに漏れる	女性（特に子どもを産んだことがある女性）に多い
溢流性尿失禁	尿閉が原因で、溜まった尿がだらだらと漏れる	前立腺肥大症の男性などにみられる
機能性尿失禁	排尿機能に問題はないが、排泄動作が適切に行えなかったり、尿意を伝えられなくて失禁してしまう	身体障害や認知症でみられる

さまざまな喪失体験

　老年期は、さまざまな喪失を体験する時期です。

> **喪失の例**
> - 加齢に伴う身体機能の衰え、病気による身体機能の低下
> - 配偶者、友人など親しい人との死別・離別
> - 退職による社会的地位・役割の喪失
> - 子どもの独立・結婚などによる親役割の喪失　など

こうした喪失体験によって、**うつ病**を発症しやすくなるといいます。

知能の変化

知能は、**結晶性知能**と**流動性知能**に大別されます。

結晶性知能	過去の人生経験の蓄積によって形成される能力、経験・知識の豊富さ・正確さに関係する能力
流動性知能	新しい場面や環境に適応するときに要求される問題解決能力

　結晶性知能は、教育などの環境条件の影響を受けやすく、生活習慣や訓練によって維持することが可能です。加齢とともに発達し、**60歳代が最も高く**、老年期になってもあまり低下しないといわれます。
　それに対し、新しい場面や環境に適応するための流動性知能は、加齢に伴って低下する傾向にあります。

Step 1-3

老いへの適応

老化と老性自覚

　加齢に伴い、心身に変化がみられます。加齢による機能の衰えを、**老化**といい、次の3つのパターンに分類できます。

一次老化	加齢に伴う一般的な身体変化、病気を含まない正常老化
二次老化	加齢に伴い発生率は高くなるが、必ずしも一般的ではない、個人差のある病的変化
三次老化	終末期にみられる急激で明らかな肉体の衰え

　老化には個人差があり、老いを自覚したり、自分を高齢者だと認めたりする時期はさまざまです。老いを自覚することを、**老性自覚**といいます。

老性自覚による葛藤

　老性自覚は、視覚の衰えや疲れやすさ、病気などの内的要因、退職や配偶者の死などの外的要因がその契機となりますが、いつ、どのように自覚するかは、**個人差が大きい**といえます。
　日常生活の中で、老いを自覚せざるを得ないような現象に出会うと、人はさまざまな衝撃を受けたり、自分の中で葛藤が生じます。
　老いるということは、今まで自分に対して持っていた自己イメージが変わることを意味しており、そこに葛藤が生じるのです。
　高齢者は、さまざまな変化に直面しなければなりません。それらひとつひとつの変化が大なり小なり、その人に影響を与えていきます。そ

の衝撃や自分の中で起きてくる葛藤をどう処理するか、また、まわりの人がどれだけそれをわかってあげられるかで、その人の心の状態は大きく変わります。

　一般に、老いを自覚することで、他者への積極的な交流を避けようとする傾向があります。

高齢者の老性自覚

　内閣府「高齢者の日常生活に関する意識調査」結果によると、自分が高齢者だと感じる人に、どのようなときにそう感じるか聞いたころ、「体力が変化したと感じた時」が最も多くなりました。

　体力の変化は、「疲れやすくなったと感じた時」に最も感じるという結果でした。

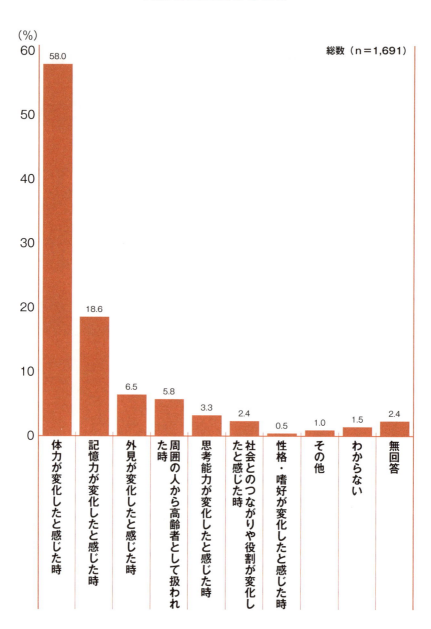

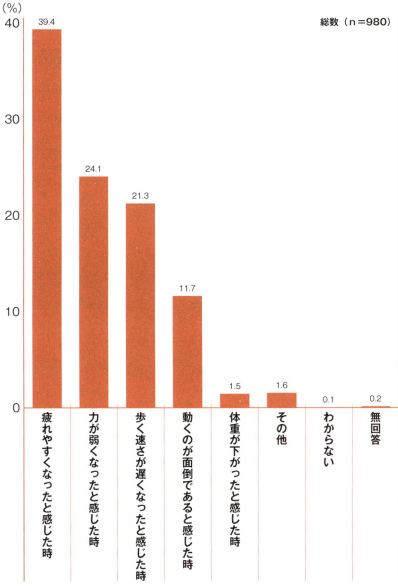

資料：内閣府「高齢期の日常生活に関する意識調査」（平成26年）

ライチャードによる老年期における人格分類

　ライチャードは、定年退職後の高齢者男性にみられる人格特性を5つに類型しました。

円熟型	現実に対して柔軟な対応ができ、自分の人生を受容している さまざまなことに興味を持って、積極的に社会参加していく	適応
安楽椅子型 （ロッキングチェア型）	定年退職を歓迎し、責任から解放された現実を喜ぶ 受動的・消極的ながらも、新しい環境に適応していく	適応
装甲型（自己防衛型）	老化に対する不安が強い いつまでも忙しくすることで防衛している 仕事への責任感が強い努力家	適応
憤慨型（外罰型）	自分の過去や現在を受け入れることができない 他人に対して攻撃したり非難する 死に対する恐怖が強い	不適応
自責型（内罰型）	自分の人生を失敗と評価し、後悔や自己批判が強い 死を、不満足な人生からの解放と捉える	不適応

ニューガーデンによる老年期における人格分類

　ニューガーデンは、高齢者の人格特性を、4つに類型しました。

統合型	情動は安定し、調和がとれており、最も適応している
防衛型	老化に対して自己防衛している
依存型	受動的・消極的で、依存的欲求が強い
不統合型	情動は不安定で、不適応を起こしやすい

さらに、社会参加や人生の満足度などから、再統合型・集中型・離脱型・固執型・緊縮型・依存型・鈍麻型・不統合型の8つに分類しています。

サクセスフルエイジング

サクセスフルエイジングとは、幸福な老いを意味し、主に**主観的な幸福感**をいいます。生活満足度や意欲・態度などの尺度で、その程度を測ろうとする研究がなされています。サクセスフルエイジングは、高齢期、老年期における適応状態に影響します。

内閣府「一人暮らし高齢者の意識に関する調査」結果によると、「とても幸せ」を10点、「とても不幸」を0点として、現在どの程度幸せかをみると、平均は「6.59」でした。

やはり、真ん中の「5」を選択する人が最も多くなっています。

これを、性別にみると、女性は10点、9点、8点の上位3位で、半数近くを占めています。男性は10点、9点、8点の上位3位で、女性の約半分となっています。

プロダクティブ・エイジング

エイジズム（年齢差別）による高齢者に対する差別と偏見を批判して、アメリカのロバート・バトラー博士が提唱した概念で、高齢者の生産的・創造的能力を肯定して、**高齢者の自立を目指す概念**です。

プロダクティブな活動には、ボランティア活動やセルフケアも含まれます。

頑固とあきらめ

　高齢者の性格、パーソナリティには、若い頃の性格傾向が顕著に現れる場合が多いようです。
　高齢者は、死に対する不安と恐怖、孤独感、過去への執着があります。身体の変化、身体能力の低下と共に、それまでの自分に対する自信や信頼感が失われ、さまざまなことに対する意欲が低下します。
　現在の自分に対する不満が、グチやひがみ、または周囲への避難や攻撃の原因となります。
　自分の今まで生きてきた人生を肯定し、完結させようと、自分のやり方や考え方にこだわる態度が、周囲に「かたくなである」「柔軟性に乏しい」「偏狭である」というふうに映ることも少なくありません。
　社会的役割の喪失や変化により、「自分はいらない人間なのではないか」という感情を抱きやすくなります。自分の能力に自信を持っている高齢者であれば、役割を失い、周囲が自分を老人扱いすることに大きな抵抗を示します。ですから、自分の役割に固執したり、老人扱いされることを断固拒否したり、自分の意見を押し通そうとして、まわりの人には「頑固」「意地っ張り」というふうに映るとも考えられます。
　老人特有の「**あきらめ**」は、厳しい現実に対して、自分の人生を完結することを放棄した適応方法ともいえます。

一人暮らし高齢者の幸福度

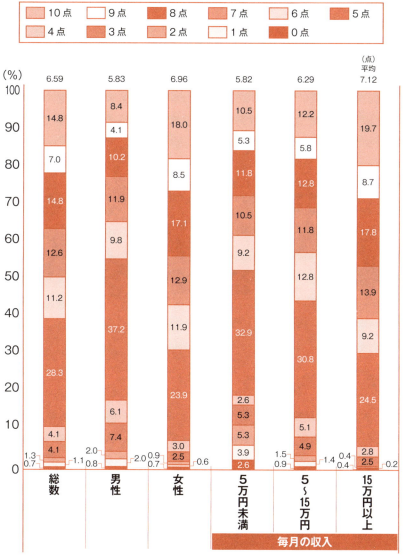

資料：内閣府「一人暮らし高齢者の意識に関する調査」（平成26年）
（注）対象は、65歳以上の一人暮らしの男女

高齢期にかかりやすい身体疾患

Step 1-4

高齢者の疾患・症状の特徴

　高齢者は、若年者に比べて、身体の不調や病気のときの症状の現れ方に個人差が大きく、決まった症状がみられないことも多いです。また、周りの環境の影響を受けやすいといえます。

症状が非定型的・個人差が大きい	症状が現れなかったり、重症化する 例）肺炎なのに高熱が出ない、風邪で意識を失うなど 正常と疾患の境界が不明瞭 例）骨粗鬆症と骨量減少、認知症と健忘など
多疾患合併・潜在的臓器障害	複数の疾患を抱える 互いに因果関係がある場合や、無関係な疾患を複数抱えている場合がある
社会的環境の影響・うつ症状	身体機能の低下だけでなく、多くの喪失体験でうつ症状を伴いやすい

生活習慣と健康・疾病

　生活習慣は、健康に深くかかわっています。不適切な生活習慣は、病気を引き起こします。生活習慣と病気の関係は、次のようなものが明らかになってきています。

生活習慣	関係する病気
食生活	2型糖尿病（インスリン非依存型糖尿病）／肥満／脂質異常症（高脂血症、家族性を除く）／高尿酸血症／循環器病（家族性を除く）／大腸がん（家族性を除く）／歯周病　など

運動習慣	2型糖尿病／肥満／脂質異常症（高脂血症、家族性を除く）／高血圧症　など
喫煙	肺偏平上皮がん／循環器病（家族性を除く）／慢性気管支炎／肺気腫／歯周病／食道がん　など
飲酒	アルコール性肝疾患／食道がん／大腸がん／肺がん　など
ストレス	心身症　など

高血圧症

　日本高血圧学会による「高血圧治療ガイドライン2014」では、収縮期血圧140mmHg以上、または、拡張期血圧90mmHg以上を高血圧としています。

　高血圧の90％以上は、原因不明の**本態性高血圧**です。高齢者では、動脈硬化の影響で、**収縮期血圧**が高くなる傾向にあります。

脂質異常症

　日本動脈硬化学会によるガイドラインでは、脂質異常症は中性脂肪値、LDLコレステロール値、HDLコレステロール値から診断されます。

中性脂肪値	LDLコレステロール値	HDLコレステロール値
150mg/dl以上	140mg/dl以上	40mg/dl未満

糖尿病（高血糖）

　インスリンの分泌不足または作用不足により、代謝異常が起こり、高血糖状態が続くものを、糖尿病といいます。

　日本糖尿病学会による「糖尿病診療ガイドライン（2013年）」では、次の場合に糖尿病型と判定されます。

早朝空腹時血糖値	75gOGTT2時間値	随時血糖値	HbA1c値
≧126mg/dl	≧200mg/dl	≧200mg/dl	≧6.5%

　糖尿病の典型的な症状としては、**口渇**、**多飲**、**多尿**、**体重減少**などがあります。

　糖尿病には、1型糖尿病と2型糖尿病があり、生活習慣病といわれるのは、2型糖尿病です。

　糖尿病の治療法には、食事療法、運動療法、薬物療法があります。

　糖尿病の三大合併症は、**腎症**、**網膜症**、**末梢神経障害**です。糖尿病の初期では、自覚症状がないことも多く、気づかないうちに合併症を発症し、進行していることもあり、注意が必要です。また、糖尿病患者では、免疫力の低下などから、健常者に比べて、**感染症**にかかりやすく、重症化しやすいということが知られています。

高尿酸血症と痛風

　尿酸の代謝異常は、高尿酸血症を引き起こします。高尿酸血症が長く続くと、尿酸が結晶となって関節に付着し、**痛風**を生じさせます。痛風発作による関節炎は、足の親指のつけ根に好発します。

　尿酸は、プリン体から生じます。プリン体の過剰摂取、アルコール、肥満、ストレスなどで、血中の尿酸値が上昇し、高尿酸血症や痛風を引き起こします。中高年の男性に多くみられます。

　また、高尿酸血症では、痛風腎と呼ばれる腎障害、尿路結石などの合併症がみられます。

脳血管疾患

　脳血管疾患は脳卒中ともいわれ、脳の血管が詰まったり、破れたり

することで起こります。**脳梗塞**、**脳出血**、**くも膜下出血**などがあります。

脳梗塞：血管が詰まる 加齢とともに発症率上昇	脳血栓	脳血管が動脈硬化を起こし、血栓を生じる
	脳塞栓	心房細動など心疾患で生じた血栓が脳へ運ばれ血管を詰まらせる
頭蓋内出血：血管が破れる	脳出血	高血圧症などが原因で、脳の動脈が破れる 大脳基底核部に好発
	くも膜下出血	脳の動脈瘤が破れ、くも膜下腔に血液が流れ込む 激しい頭痛

　一時的に脳の血流が悪くなり、めまいなどを生じる一過性脳虚血性発作を繰り返す場合は、脳梗塞を発症しやすいといいます。

　脳の表面にじわじわと出血して、脳が圧迫され、障害される**慢性硬膜下血腫**は、頭部外傷の数ヶ月後くらいに発症することがあります。ケガの程度によらず、少しの打撲で発症することがあります。高齢者が転倒で頭部を打ち、発症することも多く、外傷の記憶がないというケースも少なくありません。

　後遺症である半身の麻痺は、脳の病巣と**反対側**の身体の部分に生じます。大脳の優位半球の障害では、**失語症**が生じることがあります。右利きの場合、左半球が優位半球である場合が多く、左大脳半球の障害で失語症が生じることが多くなっています。道具の使い方や手順がわからなくなる失行、視力に問題がないのに見ても認識できない失認、脳の病巣の反対側に注意が向かなくなる半側空間無視、注意障害、記憶障害などの症状が生じる**高次脳機能障害**がみられることもあります。

心疾患

　心疾患による死亡の約4割は、**虚血性心疾患**によるものです。虚血性心疾患とは、心臓に十分な酸素が行き渡らなくなり生じる心疾患で、

動脈硬化が原因となる場合が多いです。狭心症と、心筋に壊死が生じた心筋梗塞があります。高齢者や糖尿病患者では胸痛を感じない場合も（無痛性心筋梗塞）あります。

狭心症	心筋虚血を招き、数分〜15分の胸痛 ニトログリセリン舌下投与が有効	
	労作性狭心症	運動時、階段の昇降時などに心筋虚血
	安静時狭心症	安静時に冠動脈が痙攣・収縮して心筋虚血
心筋梗塞	心筋に壊死が生じ、胸痛は30分以上持続、重篤な不整脈やショックをきたす 高齢者や糖尿病患者では胸痛を訴えないことも（無痛性心筋梗塞） ニトログリセリンは効果なし	

　不整脈とは、刺激伝導系の不調で、拍動が不規則になった状態をいい、拍動が遅くなる徐脈、速くなる頻脈、脈がとぶ期外収縮などがあります。緊急に処置が必要なものから、特に治療の必要のないものまでさまざまです。心室細動は致死的な不整脈で、ADEの適応です。心房細動は、高齢者に起こりやすく、脳塞栓の原因となります。

慢性閉塞性肺疾患（COPD）

　肺気腫と**慢性気管支炎**を総称して慢性閉塞性肺疾患といいます。最大のリスクファクターは喫煙です。長年の受動喫煙も影響します。

　慢性閉塞性肺疾患では、呼吸のためにエネルギーを必要とする一方で、呼吸困難で食事摂取量が減ってしまうので、全身筋肉量の低下がみられます。そのため、たんぱく質・エネルギー栄養障害（マラスムス型）が高頻度でみられます。

　食事療法では、高エネルギー・高たんぱく質食とします。肺への負担を軽減するために、呼 吸 商(こきゅうしょう)の低い脂質を活用します。少量頻回食で、総エネルギー量を確保するようにします。

Step1 高齢期に特徴的な心理
理解度チェック

問題1 キューブラー・ロスによる死を受容するまでの5段階を正しい順番に並べなさい。

①受容
②怒り
③否認
④取引
⑤抑うつ

[　] → [　] → [　] → [　] → [　]

問題2 次の文章中の [　] 内で正しいものを選びなさい。

①高齢になると、体重あたりに占める脂肪組織の割合は、若年者に比べて [ア 高く　イ 低く] なる。
②加齢に伴い、[ア 拡張期血圧　イ 収縮期血圧] が高くなる。
③高齢者は、若年者に比べて、口渇を [ア 感じやすい　イ 感じにくい]。
④強い尿意があり、がまんできずに漏れてしまう失禁を、[ア 切迫性　イ 機能性] 尿失禁という。
⑤新しい場面や環境に適応するときに要求される問題解決能力を、[ア 結晶性　イ 流動性] 知能という。

問題3 ライチャードの人格分類では、下記のケースはどの型に該当するか答えなさい。

Aさんは、大企業の部長職を務めていたが、退職した後も、会社のこ

とをいつも気にしている。娘が同居を勧めているが、世話になりたくないと拒否している。Aさんは、自分の庭で野菜を作っている。地域との交流はほとんどない。

①円熟型
②安楽椅子型
③装甲型
④憤慨型
⑤自責型

 問題4 次の文章で適切なものには○を、間違っているものには×をつけなさい。

①高血圧の90％以上は、原因が明らかである。[　]
②脂質異常症とは、HDLコレステロール値が高い状態をいう。[　]
③糖尿病の三大合併症は、腎症、網膜症、末梢神経障害である。[　]
④一過性脳虚血性発作を繰り返す場合、脳梗塞を発症しやすい。[　]
⑤慢性閉塞性肺疾患では、低栄養がみられる。[　]

Step1 Check Answer

高齢期に特徴的な心理
理解度チェック 解答と解説

問題1

［③］→［②］→［④］→［⑤］→［①］

問題2

① ア　体脂肪以外の重量が減少するので、体重あたりに占める脂肪組織の割合は、若年者に比べ、高くなります。
② イ　動脈硬化などの影響で、収縮期血圧が上昇する傾向にあります。
③ イ　高齢者は口渇を感じにくくなり、体内の水分量も減って、脱水を起こしやすいので注意が必要です。
④ ア　機能性尿失禁とは、排尿機能には問題はないが、排泄動作が適切に行えなかったり、尿意を伝えられなくて失禁してしまうものをいいます。
⑤ イ　結晶性知能とは、過去の人生経験の蓄積によって形成される能力で、加齢とともに発達します。

問題3

③　装甲型は、自己防衛型ともいい、老化に対する不安が強く、いつまでも忙しくすることで防衛するタイプです。

問題4

① ×　高血圧の90％以上は、原因不明の本態性高血圧です。
② ×　HDLコレステロール値は、40mg／dl未満で、脂質異常症と診断されます。
③ ○　糖尿病は、自覚症状がないことが多く、気づかないうちに進行して、合併症を発症していることもあり、注意が必要です。
④ ○　一過性脳虚血性発作とは、一時的に脳の血流が悪くなり、めまいなどを生じるもので、脳梗塞の前駆症状といわれます。

⑤ ○ **慢性閉塞性肺疾患では、たんぱく質・エネルギー栄養障害がみられます。**

Step 2

高齢者ケアの現状

　4人に1人が65歳以上の超高齢社会で、認知症高齢者の増加、要介護者の増加、いわゆる老老介護の現実、高齢者虐待など、高齢者介護の問題は深刻です。

急速に進行し続ける高齢化

　我が国の65歳以上の高齢者人口は、1970（昭和45）年に7％を超え**「高齢化社会」**となり、さらに、1994（平成6）年には14％を超え**「高齢社会」**に突入しました。高齢化率はその後も上昇を続け、現在は25％を超え、約4人に1人が65歳以上となっています。

　総人口が減少する中で高齢者が増加することにより高齢化率は上昇を続け、2035（平成47）年に3人に1人、2060（平成72）年には約2.5人に1人が65歳以上の高齢者となる社会が到来すると推計されています。総人口に占める75歳以上人口の割合も上昇を続け、いわゆる「団塊ジュニア」（1971〈昭和46〉～1974〈昭和49〉年に生まれた人）が75歳以上となった後に、2060（平成72）年には、4人に1人が75歳以上の高齢者となると推計されています。

　高齢者人口と15～64歳の生産年齢人口の比率をみてみると、1950（昭和25）年には1人の高齢者に対して約12.1人の現役世代がいたのに対して、2015（平成27）年には高齢者1人に対して現役世代2.3人となっています。今後、高齢化率は上昇を続け、現役世代の割合は低下し、2060（平成72）年には、1人の高齢者に対して約1.3人の現役世代という比率になると推計されています。

高齢化による日常生活への影響

　65歳以上の高齢者の有訴者率をみると、半数近くが何らかの自覚症状を訴えています。一方、日常生活に影響のある者率は、有訴者数の約半分となっています。ただし、年齢層が高いほど上昇し、70歳代後半以降の年齢層では、女性が男性を上回っています。

　介護保険の第1号被保険者をみると、**75歳以上**になると要介護の認定を受ける人の割合が大きく上昇しています。

平均寿命と健康寿命

　我が国の平均寿命は延び、男女とも、80歳を超えています。日常生活に制限のない期間である健康寿命も延びていますが、平均寿命の延びに比べて小さく、**平均寿命と健康寿命の差**は、男性で約10年、女性では約12年となっています。この差は、医療機関にかかったり、介護が必要となったり、さらには寝たきりになってしまったり、日常生活が制限される期間です。

高齢者介護の担い手

　団塊の世代が75歳以上となる2025（平成37）年には、最大約250万人の介護職員が必要と推計されていますが、2012（平成24）年度推計約149万人の介護職員しかいません。

　家族が介護をせざるを得ない現状で、主な介護者は、同居の家族が約6割を占めています。主な介護者は、配偶者、子、子の配偶者の順で、男女別では女性が約7割を占めています。年齢階級別では、男女ともに、60〜69歳が最も多くなっています。

　主な介護者と要介護者の組み合わせは、60歳以上同士、65歳以上同士、75歳以上同士の組合せにおいて、いずれも上昇傾向で、いわゆる**老老介護**が増えていることがわかります。

超高齢社会の中での高齢者ケア

介護保険制度の創設と改正

　老人福祉制度と老人医療制度に分かれていた高齢者介護に関する制度の不具合を解消するために、介護保険制度が創設され、2000（平成12）年度から施行されています。

　介護保険制度導入以前は、老人福祉制度では、措置制度であり利用者がサービスを選択できないこと、老人医療制度では社会的入院が問題となっていました。

　介護保険制度は、社会保険方式・応益負担方式で、受けるサービスに見合った負担で、利用者が**自ら選択したサービスを利用する**ことができるようになりました。

　介護保険制度は、施行後、3度の大きな改正を経ています。2005（平成17）年の改正では、予防重視型システムへの転換、2011（平成23）年の改正では、地域包括ケアシステムの実現に向けた取り組みが進められ、2014（平成26）年の改正では、医療介護総合確保推進法に基づいて、地域包括ケアシステムの構築と費用負担の公平化が図られました。

被保険者と要介護・要支援認定

　介護保険制度は、被保険者が要介護状態・要支援状態になったときに介護サービスを受けることができる制度です。保険者は、市町村です。被保険者には、**第1号被保険者**と**第2号被保険者**があります。

第1号被保険者	市町村の区域内に住所を有する65歳以上の者
第2号被保険者	市町村の区域内に住所を有する40歳以上65歳未満の医療保険加入者

　被保険者が、市町村に要介護認定・要支援認定の申請を行い、認定調査、主治医意見書、コンピュータによる一次判定、介護認定審査会による二次判定を経て、全国一律の客観的基準に基づいて認定が行われます。

要介護状態	要介護1〜要介護5の5段階 ※第2号被保険者は16種類の特定疾病を原因とする場合のみ
要支援状態	要支援1・要支援2の2段階 ※第2号被保険者は16種類の特定疾病を原因とする場合のみ

　要介護度・要支援度は、病気の重さを表すものではなく、**介護や支援の必要の程度**を判断するものです。

介護保険制度のサービス

　居宅サービス（介護予防サービス）、施設サービス、地域密着型サービス（地域密着型介護予防サービス）があります。要介護者には介護給付、要支援者には予防給付が行われます。利用者は、**1割**（一定以上所得者は2割）の応益負担が原則です。食費や居住費・滞在費は自己負担となります。

居宅サービス （要介護者） 介護予防サービス （要支援者※は地域支援事業へ移行）	訪問介護※／訪問入浴介護／訪問看護／訪問リハビリテーション／居宅療養管理指導／通所介護※／通所リハビリテーション／短期入所生活介護／短期入所療養介護／特定施設入居者生活介護／福祉用具貸与／福祉用具販売
施設サービス（要介護者のみ）	介護老人福祉施設（原則、要介護3以上）／介護老人保健施設
地域密着型サービス （要介護者は※のみ） 地域密着型介護予防サービス（要支援者）	定期巡回・随時対応型訪問介護看護※／夜間対応型訪問介護※／認知症対応型通所介護／地域密着型通所介護※（平成28年度～）／小規模多機能型居宅介護／認知症対応型共同生活介護／地域密着型特定施設入居者生活介護※／地域密着型介護老人福祉施設入所者生活介護※／看護小規模多機能型居宅介護（複合型サービス）※

　一定の種類の住宅改修に対しては、介護保険の住宅改修費が支給されます。

　要介護者対象にケアプラン作成等を行う居宅介護支援、要支援者対象にケアプラン作成等を行う介護予防支援は、利用者負担はありません。

地域支援事業

　保険者である市町村が、被保険者が要介護状態等となることの予防・軽減・悪化防止と、地域における自立した日常生活の支援のために行う事業です。

　介護予防・日常生活支援総合事業、包括的支援事業、任意事業があります。

介護予防・日常生活支援総合事業	・介護予防・生活支援サービス事業（訪問型サービス／通所型サービス／生活支援サービス／ケアマネジメント） ・一般介護予防事業
包括的支援事業	・地域包括支援センターの運営（介護予防ケアマネジメント／総合相談支援業務／権利擁護業務／ケアマネジメント支援／地域ケア会議の充実） ・在宅医療・介護連携の推進 ・認知症施策の推進（認知症初期集中支援チーム／認知症地域支援推進員　等） ・生活支援サービスの体制整備（コーディネーターの配置／協議体の設置　等）
任意事業	・介護給付費適正化事業 ・家族介護支援事業 ・その他の事業

介護予防・生活支援サービス事業

対象者は、要支援認定を受けた人と基本チェックリスト該当者です。

事業	内容
訪問型サービス	要支援者等に対し、掃除、洗濯等の日常生活上の支援を提供
通所型サービス	要支援者等に対し、機能訓練や集いの場など日常生活上の支援を提供
その他の生活支援サービス	要支援者等に対し、栄養改善を目的とした配食や1人暮らし高齢者等への見守りを提供
介護予防ケアマネジメント	要支援者等に対し、総合事業によるサービス等が適切に提供できるようケアマネジメント

　訪問型サービスと通所型サービスは、これまでの介護予防訪問介護や介護予防通所介護に相当するものと、それ以外の多様なサービスからなります。

	訪問型サービス		通所型サービス
訪問介護	訪問介護員による身体介護、生活援助	通所介護	通所介護と同様のサービス 生活機能の向上のための機能訓練
訪問型サービスA	生活援助等	通所型サービスA	ミニデイサービス 運動・レクリエーション　等
訪問型サービスB	住民主体の自主活動として行う生活援助等	通所型サービスB	体操、運動等の活動など、自主的な通いの場
訪問型サービスC	保健師等による居宅での相談指導等（短期集中予防サービス）	通所型サービスC	生活機能を改善するための運動器の機能向上や栄養改善等のプログラム
訪問型サービスD	移送前後の生活支援	―	―

一般介護予防事業

　対象者は、第1号被保険者の全ての者及びその支援のための活動にかかわる者です。

事業	内容
介護予防把握事業	閉じこもり等の何らかの支援を要する者を把握し、介護予防活動へつなげる
介護予防普及啓発事業	介護予防活動の普及・啓発を行う
地域介護予防活動支援事業	住民主体の介護予防活動の育成・支援を行う
一般介護予防事業評価事業	介護保険事業計画に定める目標値の達成状況等を検証・評価
地域リハビリテーション活動支援事業	通所、訪問、地域ケア会議、住民主体の通いの場等へのリハビリ専門職等による助言等

高齢者ケアの基本原則

高齢者のための国連原則

1991年に国連総会で「高齢者のための国連原則」採択されました。自立、参加、ケア、自己実現、尊厳の5つの原則を掲げています。

自立	高齢者は 収入や家族・共同体の支援及び自助努力を通じて十分な食料、水、住居、衣服、医療へのアクセスを得るべきである 仕事、あるいは他の収入手段を得る機会を有するべきである 退職時期の決定への参加が可能であるべきである 適切な教育や職業訓練に参加する機会が与えられるべきである 安全な環境に住むことができるべきである 可能な限り長く自宅に住むことができるべきである
参加	高齢者は 社会の一員として、自己に直接影響を及ぼすような政策の決定に積極的に参加し、若年世代と自己の経験と知識を分かち合うべきである 自己の趣味と能力に合致したボランティアとして共同体へ奉仕する機会を求めることができるべきである 高齢者の集会や運動を組織することができるべきである

ケア	高齢者は 家族及び共同体の介護と保護を享受できるべきである 発病を防止あるいは延期し、肉体・精神が最適な状態でいられるための医療を受ける機会が与えられるべきである 自主性、保護及び介護を発展させるための社会的及び法律的サービスへのアクセスを得るべきである 思いやりがあり、かつ、安全な環境で、保護、リハビリテーション、社会的及び精神的刺激を得られる施設を利用することができるべきである いかなる場所に住み、あるいはいかなる状態であろうとも、自己の尊厳、信念、要求、プライバシー及び、自己の介護と生活の質を決定する権利に対する尊重を含む基本的人権や自由を享受することができるべきである
自己実現	高齢者は 自己の可能性を発展させる機会を追求できるべきである 社会の教育的・文化的・精神的・娯楽的資源を利用することができるべきである
尊厳	高齢者は 尊厳及び保障を持って、肉体的・精神的虐待から解放された生活を送ることができるべきである 年齢、性別、人種、民族的背景、障害等にかかわらず公平に扱われ、自己の経済的貢献にかかわらず尊重されるべきである

ノーマライゼーション

　ノーマライゼーションの「ノーマル」は「**普通の**」という意味です。つまり障害者や高齢者の人権を認め、普通の暮らしができるようにしようという考え方です。

　このときに大切なのは、その人を取り巻く環境条件の方が変わるということです。環境とは、教育や住宅、働く環境、私たちの持っている差別や偏見などで、それが変われば、その人たちは普通に暮らすことができるのです。

　もしも自分がその立場になったら、寝たきり、病気、あるいは高齢者で１人暮らしという状況になったときに、まわりの人にどうして欲

しいか、どうあってほしいかを考えれば、自然と出てくるはずのものです。そして高齢者や障害者、病者、弱者が生きやすい社会は、誰にとっても生きやすい社会となるはずです。

QOL

Quality of life（クオリティー・オブ・ライフ）は「**生活の質**」または「**人生の質**」という意味で、身体的にも社会心理的にも満足のいく状態を指します。

高齢者のケアを考えるとき、QOLは非常に大切なものです。高齢者は、今まさに人生の仕上げをしようと、大事な時期を迎えているのです。そういう時期だからこそ、孤独や不安の中ではなく、高齢者が「その人らしく、生き生きとした暮らし」が送れることが重要なのです。

QOLの基本は、「**自己決定、自己責任、精神的自立**」です。高齢者が、できる限り自分のことは自分で行い、また自分の生き方は自分で決めます。本人ができることまで、まわりが手を出してはいけません。本人には自分の生き方を決める権利があるのですから、それを尊重します。また、多様な生き方を選択できるようにします。できる範囲での活動や社会との交流を保ち続け、高齢期のさまざまな変化への円滑な対処を可能にします。

QOLを高めるために必要なことは、処遇環境の快適さ、なじみのよい人間関係、日常生活動作や楽しみの活動性の3つであるといわれています。

①処遇環境の快適さ

高齢者の生活空間や、行動空間がどのくらい快適であるかということです。周囲の心遣いがあり、よい雰囲気や態度、対応であるかどうか、高齢者に安心や安住をもたらす配慮があるかどうかです。

②なじみのよい人間関係

　一般に高齢者、特に病気や障害を持つ人は、1人で生きていくことが困難で、周囲に依存しなければならない場合が多く、そのために、信頼して依存できるなじみの相手が必要なのです。不安、不満、不信を解消し、安心、満足、信頼のできる相手がいるかどうかは大変重要です。

③日常生活動作や楽しみの活動性

　自分でできることは自分でする、楽しみや生きがいを見つけるといったことが大切になります。

高齢者自身の社会参加

　今後、認知症高齢者や単身高齢世帯等が増加し、医療や介護サービス以外にも、在宅生活を継続するための配食・見守り等の日常的な生活支援を必要とする高齢者は増加します。

　行政サービスに限らず、NPO、ボランティア、民間企業等の多様な事業主体による支援体制の構築が求められますが、同時に、高齢者の社会参加をより一層推進することを通じて、元気な高齢者が生活支援の担い手として活躍するなど、高齢者が**社会的役割**を持つことで、生きがいや介護予防にもつなげる取り組みが重要となります。

地域包括ケアシステムの構築

　「介護」「医療」「予防」という専門的なサービスと、その前提としての「住まい」と「生活支援・福祉サービス」が相互に関係し、連携しながら在宅の生活を支えることで、可能な限り住み慣れた地域で生活を継続することができるようになります。

自助	セルフケア、市場サービスの購入

互助	ボランティア、住民組織の活動
共助	介護保険制度
公助	高齢者福祉、生活保護、人権擁護、虐待対策

高齢者が在宅生活を続けていくために

要介護状態とならないために

「国民生活基礎調査」によると、介護が必要となった主な原因を要介護度別にみると、要支援者では「**関節疾患**」が最も多く、次いで「高齢による衰弱」「骨折・転倒」となっています。要介護者では「**脳血管疾患（脳卒中）**」「認知症」が多くなっています。

高齢者が住み慣れた地域で、在宅生活を継続していくためには、これらの疾患を予防することが重要となります。

高齢者の本音

内閣府「高齢者の健康に関する意識調査」結果によると、「日常生活を送る上で介護が必要になった場合に、どこで介護を受けたいか」は、男女とも「自宅で介護してほしい」が最も多くなっています。男性約4割、女性3割と、男性の方が**自宅での介護を希望する**割合が高くなっています。

自宅以外では、「介護老人福祉施設に入所したい」「病院などの医療機関に入院したい」「介護老人保健施設を利用したい」が多くなっています。

「治る見込みがない病気になった場合、どこで最期を迎えたいか」は、「自宅」が半数を超えて最も多く、次いで「病院などの医療施設」が約3割となっています。

高齢者の居住環境

　内閣府「高齢者の住宅と生活環境に関する意識調査」結果によると、地域で不便に思っていることについては、不便な点が「特にない」という人が約6割ですが、不便に感じている事柄としては、**日常の買い物に不便**」が最も多く、次いで「医院や病院への通院に不便」「交通機関が高齢者には使いにくい、または整備されていない」となっています。

サービス付き高齢者向け住宅制度

　サービス付き高齢者向け住宅制度は、バリアフリー構造等を有し、介護・医療と連携し高齢者を支援するサービスを提供する高齢者向けの賃貸住宅または有料老人ホームが都道府県へ登録する制度です。

　登録基準は、原則25㎡以上の床面積、便所・洗面設備等の設置、バリアフリーの住宅で、少なくとも**安否確認・生活相談サービス**を提供すること、前払家賃等の返還ルール及び保全措置が講じられていることなど高齢者の居住の安定が図られた契約であることとされています。

介護保険サービスの適切な利用

　何らかの支援を必要とする軽度の要介護者から、医療と介護の両方を必要とする中重度の要介護者まで、ひとりひとりの状態・状況に応じて、適切な介護保険サービスを利用していくことが重要です。

在宅医療と介護の連携

　医療と介護の両方を必要とする状態の高齢者が、住み慣れた地域で自分らしい暮らしを続けていくことを可能にするためには、医療と介

介護保険サービス利用図

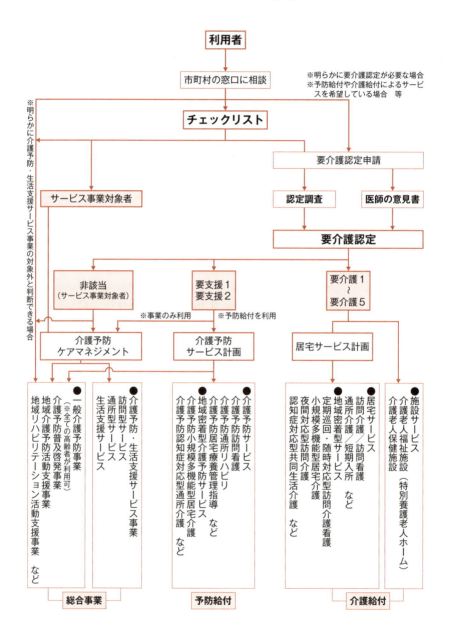

護の関係機関の連携が重要です。

在宅療養を支える関係機関の例	
診療所、在宅療養支援診療所等	定期的な訪問診療等の実施
病院、在宅療養支援病院・診療所等	急変時の診療 一時的な入院の受け入れ実施
訪問看護事業所、薬局	服薬管理、点滴・褥瘡処置等の医療処置 看取りケアの実施
介護サービス事業所	入浴、排泄、食事等の介護の実施

認知症高齢者の早期発見・早期対応

2012（平成24）年では、約462万人が認知症ですが、今後さらに増加し、2025（平成37）年には**約700万人**が認知症になると推計されています。高齢者の約4人に1人が認知症あるいはその予備群といわれます。認知症の人が、認知症とともによりよく生きていくことができるような環境整備が必要です。

認知症の早期診断、早期対応に向けて、認知症専門医による指導の下、以下の体制が地域包括支援センター等に整備されています。

認知症初期集中支援チーム （個別の訪問支援）	複数の専門職が、認知症が疑われる人、認知症の人とその家族を訪問（アウトリーチ）し、認知症の専門医による鑑別診断等を踏まえて、観察・評価を行い、本人や家族支援などの初期の支援を包括的・集中的に行い、自立生活のサポートを行う
認知症地域支援推進員 （専任の連携支援・相談等）	認知症の人ができる限り住み慣れた良い環境で暮らし続けることができるよう、地域の実情に応じて、医療機関、介護サービス事業所、地域の支援機関をつなぐ連携支援や、認知症の人やその家族を支援する相談業務等を行う

認知症高齢者が利用する介護サービス

　認知症高齢者は、環境や状況に応じて、自宅で家族等の介護を受けたり、地域の見守り等の支援を受けながら、小規模多機能型居宅介護や定期巡回・随時対応サービスなどの訪問・通所系サービスを受けたり、認知症グループホーム（認知症対応型共同生活介護）や有料老人ホーム等における特定施設入居者生活介護などの居住系サービスを利用したり、介護保険施設に入ったり、さまざまな形で介護サービスとかかわりながら生活をしていくことになります。

　特に**認知症グループホーム**（認知症対応型共同生活介護）は、対象を認知症に限定したサービスであり、地域における認知症ケアの拠点として、その機能を地域に展開し、共用型認知症対応型通所介護や**認知症カフェ**等の事業を積極的に行っていくことが期待されています。

地域密着型サービス	認知症対応型通所介護	認知症限定の通所介護
	認知症対応型共同生活介護	少人数で共同生活を営みながら介護や機能訓練を受ける
短期入所系サービス・介護保険施設サービス	認知症行動・心理症状緊急対応加算	症状が悪化し、在宅での対応が困難となった場合の一時受け入れ

高齢者を介護する家族への配慮

家族介護者の現状

「国民生活基礎調査」によると、同居の主な介護者の介護時間を要介護度別にみると、「要支援1」から「要介護2」までは「必要なときに手をかす程度」が多くなっていますが、「要介護3」以上では「ほとんど終日」が最も多くなっています。「要介護4」以上では半数以上が**「ほとんど終日」介護**をしています。

「ほとんど終日」介護をしている介護者は、男性が約3割、女性が約7割と女性が多く、続柄は、配偶者の割合が増加傾向です。

介護サービスの利用状況

「国民生活基礎調査」によると、介護サービスを1種類でも利用した要介護者等は、約8割です。

訪問系・通所系・短期入所・居住系サービス・小規模多機能型サービス等をいずれも利用していない者の利用しなかった理由は、「家族介護で何とかやっていける」が、要支援者、要介護者ともに、約5割で最も高く、次いで、「介護が必要な者（本人）で何とかやっていける」が要支援者約4割、要介護者約2割となっています。「他人を家に入れたくない」「外出するのが大変」は、要介護者で約1割前後あります。

事業者による介護サービスを利用していても、「入浴介助」「洗髪」「身体の清拭」以外の介護は、**家族介護者のみで行っているケース**が最も多くなっています。

高齢者虐待の現状

養護者による高齢者虐待の発生要因をみると、「**虐待者の介護疲れ・介護ストレス**」が約25%で最も多く、「虐待者の障害・疾病」「家庭における経済的困窮（経済的問題）」と続きます。

虐待の種別では、「身体的虐待」が6割を超えて最も多く、次いで「心理的虐待」が約4割、「介護等放棄」「経済的虐待」と続きます。

被虐待高齢者は、女性が約8割を占め、年齢は、「80～84歳」「75～79歳」が多くなっています。約7割が要介護認定済みで、認知症日常生活自立度Ⅱ以上でした。

虐待者は、「息子」が約4割で最も多く、「夫」「娘」と続きます。家族形態は、「未婚の子と同居」が最も多いです。虐待を行った養護者との同居の有無では、「虐待者とのみ同居」が半数近くを占め、「虐待者及び他家族と同居」を含めると、8割以上が同居している事例です。

被虐待高齢者の要介護度と虐待種別との関係では、「身体的虐待」と「心理的虐待」では、要介護度が重い方の割合が低く、「介護等放棄」ではその逆になる傾向がみられました。

被虐待高齢者の認知症の程度と虐待種別の関係をみると、被虐待高齢者に認知症がある場合、「介護等放棄」を受ける割合が高くなる一方で「心理的虐待」は低くなり、自立度Ⅲ以上でこの傾向は強いといいます。

介護保険サービスを受けているケースでは、虐待の程度（深刻度）が低い「深刻度1」「深刻度2」割合が他に比べて高いです。一方、過去受けていたが、判断時点では受けていないケースでは、「深刻度5」の割合が、全体に比べて高かったといいます。

レスパイトケア

介護を担う家族に休養を提供することを、レスパイトケアといいます。介護保険サービスでは、通所サービスや短期入所サービスがあります。

通所介護	老人デイサービスセンター等に通って行う介護、機能訓練等
療養通所介護	難病、がん末期等の中重度の要介護者対象の通所介護
地域密着型通所介護	小規模型の事業所で提供される通所介護
認知症対応型通所介護	対象を認知症に限定した通所介護
通所リハビリテーション	介護老人保健施設、病院、診療所似通って行うリハビリテーション
短期入所生活介護	老人短期入所施設等に短期間入所して行う介護、機能訓練等
短期入所療養介護	介護老人保健施設等に短期間入所して、看護・医学的管理下で行われる介護、機能訓練等
特定短期入所療養介護	難病、がん末期等の中重度の要介護者対象の日帰り利用
小規模多機能型居宅介護	通いを中心に、訪問と短期入所を組み合わせて提供

認知症高齢者の家族への支援

認知症高齢者を介護する家族等へ支援を行うことで、認知症高齢者の生活の質を改善することができます。特に、在宅においては、最も身近な家族介護者の精神的・身体的負担を軽減したり、家族介護者の生活と介護の両立を支援することが重要です。

介護者の負担軽減のために、**認知症初期集中支援チーム**等による早期診断・早期対応や、認知症の人やその家族が、地域の人や専門家と相互に情報を共有し、お互いを理解し合う**認知症カフェ**の設置が推進

されています。

　腰痛などの身体的負担の軽減のためには、移乗介助時に用いる介護ロボットや、高齢者自身が介助なしに動くための歩行支援機器の開発が進められています。

認知症サポーター

「認知症を知り地域をつくるキャンペーン」の一環として、「認知症サポーターキャラバン」事業が実施されています。

　認知症サポーターとは、認知症について正しく理解し、認知症の人や家族を**温かく見守り、支援する応援者**です。

　次のことが期待されます。

> ①認知症に対して正しく理解し、偏見を持たない。
> ②認知症の人や家族に対して温かい目で見守る。
> ③近隣の認知症の人や家族に対して、自分なりにできる簡単なことから実践する。
> ④地域でできることを探し、相互扶助・協力・連携、ネットワークをつくる。
> ⑤まちづくりを担う地域のリーダーとして活躍する。

Step2

高齢者ケアの現状
理解度チェック

問題1　介護保険制度に関する次の文章で、最も適切なものを1つ選びなさい。

①介護保険の保険者は、国である。
②40歳以上65歳未満であれば、第2号被保険者となる。
③第2号被保険者は、特定疾病を原因とする場合のみ要介護認定を受けることができる。
④介護サービスを利用する場合、一律に2割を自己負担する。
⑤小規模多機能型居宅介護は、居宅サービスである。

問題2　国連総会で採択された高齢者のための原則を5つあげなさい。

[　　　　][　　　　][　　　　][　　　　][　　　　]

問題3　次の文章で適切なものには○を、間違っているものには×をつけなさい。

①介護が必要となった原因は、要支援者では「関節疾患」が多い。[　]
②内閣府の調査によると、高齢者は日常の買い物に不便を感じていることが多い。[　]
③サービス付き高齢者向け住宅では、少なくとも介護サービスが提供される。[　]
④認知症初期集中支援チームは、複数の専門職が個別に訪問して支援を行う。[　]
⑤認知症グループホームは、認知症以外の人も利用できる。[　]

問題4 次の文章で適切なものには○を、間違っているものには×をつけなさい。

①「要介護3」以上では、「ほとんど終日」介護をしている割合が最も多い。[ ]
②介護サービスを1種類でも利用した要介護者等の割合は、約5割である。[ ]
③高齢者虐待は、「介護等放棄」が最も多い。[ ]
④高齢者虐待の虐待者は、「息子」が最も多い。[ ]
⑤介護を担う家族に休養を提供することを、レスパイトケアという。[ ]

Step2 Check Answer

高齢者ケアの現状
理解度チェック 解答と解説

問題1

① × 介護保険の保険者は、市町村です。
② × 第2号被保険者となるには、医療保険に加入していなければなりません。
③ ○ 特定疾病は、16種類が指定されています。
④ × 利用者負担は、原則1割で、一定以上所得者は2割を負担します。
⑤ × 小規模多機能型居宅介護は、地域密着型サービスです。

問題2

[自立] [参加] [ケア] [自己実現] [尊厳]
高齢者がその人らしく、その人が望む生活ができるよう支援します。

問題3

① ○ 要介護者では、「脳血管疾患」や「認知症」が多くなっています。
② ○ 不便に感じている事柄では、「日常の買い物に不便」が最も多いです。
③ × サービス付き高齢者向け住宅では、安否確認サービスと生活相談サービスが必須とされています。
④ ○ 認知症が疑われる人、認知症の人と家族を訪問して、初期の支援を包括的・集中的に行います。
⑤ × 認知症グループホームは、対象を認知症の人に限定したサービスです。

問題4

① ○ 要介護4以上では、半数以上が「ほとんど終日」介護しています。

② × 介護サービスを1種類でも利用した割合は、約8割です。
③ × 高齢者虐待は、「身体的虐待」が最も多くなっています。
④ ○ 家族形態では「未婚の子と同居」が多く、「虐待者とのみ同居」しているケースが多いです。
⑤ ○ 介護保険サービスでは、短期入所サービスや通所サービスがあります。

Part6

起こり得る高齢者と家族の心の病とその予防

Step 1

さまざまなメンタル疾患への対応

　病気にならないように予防することが第一ですが、メンタル疾患にかかってしまったら、早期に発見し、早期に医療機関を受診するなどの対応が重要です。

心の病気の予防

　ストレスは、さまざまな心の病気の誘因となります。悪いストレスを溜め込まないようにし、ストレスとうまくつきあうなど、日頃からの**セルフケア**が予防には重要です。いつもと心身の状態が違うことに気づき、早めに対処します。心の病気の予防には、周りの人のサポートも重要です。悩みや不調について、話を聴いて、心配してくれる人がいるだけで安心することができます。

心の病気の早期発見・早期治療

　心身の不調を感じたら、がまんせずに、早めに**専門機関に相談**したり、**専門医療機関を受診**することが大切です。
　心の病気を認めたくなくて、精神科や心療内科の受診をどうしても嫌がる場合は、身体の不調を診るためにまずは内科を受診することを勧めてみるという方法もあります。医療機関への受診自体、気が進まないという場合、どこへ行ったらいいかわからないという場合などは、保健所や精神保健福祉センターなど地域の相談窓口への相談を勧める方法もあります。

受診すべき医療機関

　心の病気を治療する診療科には、精神科、精神神経科、心療内科、神経科などがあります。ただし、日本の医療制度では、どの診療科名を名乗るかはある程度自由に選択できるので、同じ診療科名でもカバーする範囲や得意とする分野が異なったり、医師やスタッフの体制が異なったりすることはあり得ます。

診療科	一般的特徴
精神科・精神神経科	うつ病、統合失調症などの疾患に対して、精神科医が治療を行う 神経科と標榜して精神科と同様の治療を行うところもある
心療内科	一般に、心理的要因で身体症状が生じる心身症を主な対象とする うつ病などの心の病気を診ている医療機関も多い
神経内科	パーキンソン病や脳梗塞、筋ジストロフィーなど、脳と神経にかかわる疾患を診る 認知症やてんかんなども治療の対象としているところがある

　心の病気が急に悪化し、自殺や他人を傷つけてしまう危険性が高い場合は、精神科の救急医療機関を利用することになります。

勝手に病名を診断しない

　必ず守ってほしいのは、この知識をもとに、勝手に人の**病名を診断しない**ということです。メンタル疾患の診断は非常に難しく、時には専門医でも迷うことがあります。かなりの経験と知識が必要なことです。病名を決めつけるような言動はくれぐれも慎むようにしてください。これらの知識は、メンタル疾患を抱えた本人を理解する上での一助として役立ててください。

強迫性障害

強迫性障害とは

　自分では不必要であるとわかっていても、ある考えが浮かんできてしまったり、ある行為を繰り返さないと不安になってしまう障害です。強迫観念（強迫思考）と強迫行為があります。鍵をかけたか心配（強迫観念）で、何度も確かめないと気が済まない（強迫行為）などがその例です。

　強迫性障害にみられる強迫観念や強迫行為は、**不合理とわかっているのにやめられない**のが特徴です。やめようとすると不安が起こります。強迫性障害は、神経症に分類される疾患の中でも最も遺伝傾向が高いといわれています。

代表的な強迫観念・強迫行為

不潔恐怖と洗浄	汚れや細菌汚染の恐怖から、過剰に手荒い、入浴、洗濯などを繰り返す ドアノブや手すりなどが不潔だと感じて触れない
加害恐怖	誰かに危害を加えてしまったかもしれないという不安がつきまとい、警察やまわりの人に確認したり、新聞やテレビで確認する
確認行為	戸締まり、ガスの元栓、電気のスイッチなど、何度も過剰に確認する
儀式行為	決められた手順で行わないと、恐ろしいことが起こるという不安から、どんなときも同じ方法で行わなくてはならない
数字へのこだわり	不吉な数字あるいは幸運な数字に異常にこだわる

ものの配置へのこだわり	ものの配置が対称になっていないと不安になるなど、一定の強いこだわりを持つ

強迫性障害の薬物療法

　強迫性障害の治療では、**抗不安薬**および**抗うつ薬**が用いられます。特に、脳内のセロトニン系の異常が推定されており、近年では抗うつ薬の中でもSSRIが用いられています。

　重症になると、強迫行為をやめようとすると強度の不安が起こるため、数時間以上にわたって強迫行為を続けることがあります。

　また、強迫観念を必ずしも本人が不合理と思っておらず、妄想に近い観念を抱いていることがあります。このような重症例では抗精神病薬を用いることもあります。

強迫性障害の心理療法

　強迫性障害の治療では、認知行動療法の**エクスポージャー法**が有効であるとされています。暴露反応妨害法とも呼ばれ、強迫観念による不安が生じる場面に直面させ、やらずにはいられなかった強迫行為をやらないことで、予測していた脅威的な結果が生じないことを経験させて、不安を弱くしていく療法です。

高齢者と強迫性障害

　強迫性障害は、一般的には思春期から青年期にかけて多く発症するといわれています。しかし、中高年でも発症することがありますので、注意が必要です。

　ストレスそのものが原因で、強迫性障害が発症するとは考えられて

いませんが、強迫性障害の患者さんに過度なストレスがかかると、一時的であれ**症状を悪化させる原因**になることがあるようです。

　高齢者の場合、退職や生活スタイルの変化など、ストレスが大きくかかってきそうな場合には注意が必要です。とくにこの先自分の生活はどのようになっていくのかという不安を抱えたり、行き詰まりを感じたときには強迫症状が悪化する可能性がありますので、気をつけます。しかし、ストレスを減らしたからといって、それが根本的な治療となるわけではありません。

　なお、物事を何度も確認する、同じことを徹底的に繰り返す行為などは、ある程度は通常でもみられる行為です。しかし、それによって日常生活がままならない場合には、治療を勧めたほうがいいでしょう。

認知症との鑑別

　認知症を発症している場合には、その症状として強迫行為が見られることがあります。高齢者のケアをしていく上では、**認知症の疑い**がないか、ということも見ていく必要があるでしょう。

その他の不安障害

　不安障害は、不安を主症状とする障害で、急性のパニック障害と、慢性の全般性不安障害があります。

パニック障害	現実に危機は存在しない中で、「このまま死んでしまうのではないか」というほどの強い恐怖や不快感を伴うパニック発作を起こす パニック発作は、予期しない場面・状況で突然起こり、予測ができないので、またパニック発作が起こるのではないかという予期不安が生じる それが高じると、パニック発作が起こったときに助けを得られない場所や状況にいることに対する不安（広場恐怖）が生じる
全般性不安障害	漠然と何か悪いことが起こるのではないかという不安感（予期不安）を持ち、不安の対象はさまざまに変動する（不動性不安）

　恐怖症とは、危険でも脅威でもないはずの状況に対して、不相応に恐怖感を覚え、それが不合理だとわかっていても恐怖にかられ、それを回避しようとする障害です。広場恐怖、特定の恐怖症、社会恐怖などがあります。

広場恐怖	逃げるに逃げられない、助けを得られない場所や状況にいることに対する不安 家を離れること、混雑の中にいること、電車やバスなどで移動することなどに対する恐怖
特定の恐怖症	高所恐怖、密閉恐怖、動物恐怖、疾病恐怖、不潔恐怖など特定の状況に対する恐怖
社会恐怖	対人恐怖など、他人から注視されること、自分の視線が他人にどう映るかなどに対する恐怖

PTSD

トラウマ体験とトラウマ反応

　生命や存在に強い衝撃をもたらすできごとを、外傷性ストレッサーといいます。外傷性ストレッサーによる体験を**トラウマ体験**といい、次のようなものがあります。

自然災害	地震・火災・火山の噴火・台風・洪水など
社会的不安	戦争・紛争・テロ事件・暴動など
生命などの危機にかかわる体験	暴力・事故・犯罪・性的被害など
喪失体験	家族・友人の死、大切な物の喪失など

　トラウマ体験によって、さまざまな心理的反応が生じます。これをトラウマ反応といいます。異常な状況に対する正常な反応であり、極度の危機にさらされた人であれば、誰にでも生じる反応です。

感情・思考の変化	現実を受け止められない、どうすればいいかわからない、恐怖や不安に駆り立てられる、感情が抑えきれなくなるなど
身体の変化	眠れない、動悸、筋肉の震え、頭痛、腹痛、寒気、吐き気、痙攣、めまい、発汗、呼吸困難など
行動の変化	怒りが爆発する、ふさぎこむ、できごとを思い出す場所を回避する、閉じこもるなど

急性ストレス障害とPTSD

　非常に強いストレス状況を体験した（心的外傷＝トラウマ）後に、強

い恐怖や無力感、感情の麻痺、心的外傷の再体験（フラッシュバック）、外傷体験に関係ある状況や場面、人物を避ける、睡眠障害、過剰な警戒心、などの症状が現れるものを、外傷後ストレス障害（PTSD）といいます。

急性ストレス障害	外傷後、4週間以内に起こり、最低でも2週間、最大で4週間持続する
心的外傷後ストレス障害	4週間以上症状が持続している場合に、診断名が変更される

　非常に強いストレス状況とは、自分や他人の生命に危険が及ぶような状況が想定され、戦闘、暴行、誘拐、人質、テロ、拷問、監禁、災害、事故などがあります。
　ただし、症状の出現のしかたは、**個人差が大きい**といえます。

PTSDの診断基準

　実際に危うく死にそうなできごとを体験したり目撃したりしたあとで
A.再体験症状
B.回避症状
C.過覚醒症状
などができごとの後1ヶ月以上にわたり認められ、生活に支障を来している場合に診断されます。

災害とストレス

　災害に遭い、身近な人を突然失ったり、家や大切なものを失ったり、経済的基盤を失ったりすることは、大きなストレス要因となります。避

難所生活を余儀なくされ、日常生活に制限を受けることもあります。程度の差はあっても誰でも、悲嘆、不安、心配などの反応が表れます。休息や睡眠をできるだけとることが重要です。悲嘆、不安、心配の多くは時間の経過とともに自然に回復することが知られていますが、不眠が続いている、食欲がない状態が続いているなどの場合は、医療機関等への受診も必要です。悲嘆のプロセスがうまく進まなかったり、うつ病を発症してしまったり、アルコール依存症になってしまう場合もあります。

　自分の中だけに気持ちや思いをため込まず、吐露することが重要です。お互いに**声を掛け合い**、コミュニケーションをとりやすい雰囲気づくりを心がけるなど、お互いに**気遣うこと**が心のケアになります。

　心配でイライラする、怒りっぽくなる、眠れない、動悸・息切れで苦しいと感じる、などのときは無理をせずに、相談するよう促すことが大切です。

厚生労働省「心の健康を守るために」より

被災された方へ
- 周りの人が不安を感じているときには側に寄り添うなど、安心感を与えましょう
- 目を見て、普段よりもゆっくりと話しましょう
- 短い言葉で、はっきり伝えましょう
- つらい体験を無理に聞き出さないようにしましょう
- 「心」にこだわらず、困っていることの相談に乗りましょう

ケアする側のストレス

　被災者に対して適切なケアをするためには、ケアする側にも精神的なゆとりが必要です。災害や事故では、ケアする側も自分自身のスト

レス症状を知り、心理的負担を抱え込まないことが大切です。

高齢者とPTSD

PTSDと年齢は関係がありません。大きな災害や外傷的できごとが起きたときに受ける衝撃というのは、若くても年を取っていても同じです。しかし、それによって起こるストレスは、高齢者がより強く感じるといえるでしょう。特に、そのできごとによって**生活状況や環境が変わる場合**や**持病（高血圧や心臓病など）がある場合**には、大きなストレスとなってきます。実際、震災などの災害によって生活が変化した高齢者の多くに、肺炎、睡眠障害、脱水、胃腸炎などの内科的疾患が見られたり、心臓や脳の血液系の疾患で病死される方たちが急増しました。高齢者におけるPTSDを考えるときには、特にこのようなことを考慮する必要があるでしょう。

家族の理解

治療をしていく上で、家族がPTSDについて理解を示すことはとても大切です。家族がどんな反応を示すかで、治療の進み具合が大きく変わります。最も身近な人たちが、PTSDというメンタル疾患を理解し、**本人を支えていこう**という気持ちを持ってくれることが大切なのです。「いつまでクヨクヨしているの？」「終わったことは仕方がないんだから、がんばっていこう」などと、家族が良かれと思って言っていることもPTSDを悪化させることになりかねません。

もしPTSDと診断された高齢者がいたら、本人とその家族に対して、PTSDの基本的な知識を共有し、どうすることが治療的に一番いいのかを一緒に考えていく姿勢を見せることができればいいでしょう。

アルコール依存症

アルコール依存症とは

　アルコール依存症では、飲酒をコントロールすることが困難になります。1杯で止めておくつもりが、2杯、3杯と止められなくなったり、先にやっておかなければならないことがあるのに、飲み始めてしまったり、いつもお酒が手元にないと落ち着かなかったり、常に飲酒のことが頭にあったりします。アルコールが抜けると、身体に不快な症状が生じる場合もあります。これを、**離脱症状**（禁断症状）といい、症状を抑えるために、また飲み始めるという、悪循環にもなります。飲酒時の記憶がなくなる場合もあり、**アルコール・ブラックアウト**といいます。

アルコール関連障害

急性アルコール中毒	アルコール摂取中または摂取後すぐに、攻撃的行動や気分不安定、判断低下などの著しい不適応性の変化がみられ、ろれつの回らない会話、協調運動障害、不安定歩行、眼球振盪（無意識に眼球が動く）、注意・記憶力の低下、昏迷または昏睡がみられる
アルコール依存	長期にわたるアルコールの摂取で、飲酒の欲求を抑えられない精神的依存、アルコールを摂取しないと身体の機能が十分に働かない身体的依存が生じる

アルコール離脱	大量、長期間にわたっていたアルコール使用を中止または減量した場合、数時間から数日以内に、以下の2つ以上の症状が発現する ・自律神経系過活動（発汗、脈拍数増加など） ・手指振戦（ふるえ）の増加 ・不眠 ・嘔気または嘔吐 ・一過性の幻覚または錯覚 ・精神運動興奮 ・不安 ・けいれん大発作

　アルコール離脱では、一般的に、6～10時間後くらいから、発汗や手のふるえ、吐き気などの症状がはじまるといいます。72～96時間（3～4日）後には、振戦せん妄と呼ばれる状態になります。

コルサコフ精神病とウェルニッケ脳症

　長期のアルコール摂取で、低栄養とビタミンB_1不足となり、脳障害を起こすことがあります。**コルサコフ精神病**といい、高度の記憶障害、こじつけ話や作話がみられます。

　ビタミンB_1不足によって脳出血を起こし、振戦せん妄を繰り返し、昏睡状態からしばしば死に至るものを**ウェルニッケ脳症**といいます。

否認の病

　アルコール依存症では、自分で**病気と認めない**否認の心理が強く働いています。本人は病気ではなく、やめようと思えばいつでもやめられると思っています。まずは、アルコール依存症とは病気であると認めることが治療のスタートとなります。治療が必要な病気にかかっているという現実を受け止めることが大切です。

アルコール依存症の治療

　アルコール依存症は、本人が依存症であると認めたがらない場合が多いので、周囲のサポートが重要です。依存症になってしまえば、治療は、**無期限の断酒**が目標となります。断酒を継続するために、断酒会やアルコホリック・アノニマス（AA）など、同じ経験を有する人たちが集まる自助グループに参加することも有効です。

高齢者とアルコール依存症

　現代では社会の高齢化に伴い、アルコール依存症に苦しむ高齢者が増加しています。高齢者が依存症となるきっかけは、定年後に交際範囲が狭まり、生きがいを失ったり、配偶者を失った悲しみなど、**寂しさ**や**孤立感**が大きな要素を占めています。暇をもて余し、お酒で気を紛らわせたりしているうちに依存度が高まる傾向が強くあります。また、配偶者と死別して1人暮らしをしていたり、家族などと暮らしていても「今まで一生懸命働いてきたのだから」とまわりも飲みすぎを許してしまうことも、アルコール依存症を増加させている一因です。

　高齢者のアルコール依存症は、それ自体が問題なだけではなく、糖尿病、肝硬変、肝臓障害、末梢神経炎などの合併症を引き起こします。それに加え、認知症や脳萎縮などの脳神経系の合併症も高い割合で引き起こします。他の年代と比べて、死亡率が高いことも特徴です。

　一般に高齢になるほど、アルコールの代謝能力は低下します。若いときと同じように飲まないで、年齢相応の「適量」を心がけることが必要です。そして昼間から飲まないこと、1人で飲むお酒は控えめにすること、定期的に健康診断を受けて体調管理をしておくことが大切です。健康診断に関しては、特に退職後は自発的に受けなければ機会が減ります。家族やまわりも気をつけてあげることが必要です。

節度ある適度な飲酒

アルコールには眠りを催す作用（催眠作用）があるので、いわゆる寝酒として飲酒することがあります。睡眠薬のような働きをしますが、耐性があるので、寝酒として同じ効果を得ようとすると量が増えていきます。また、アルコールがなければ離脱症状が出て以前よりも強い不眠となります。アルコールは肝臓にも負担がかかります。アルコールを睡眠薬代わりに用いる場合は、量が増えたり長期連用になったりしないように注意し、少量を短期間使用するのがよいでしょう。

節度ある適度な飲酒は、男性の場合、純アルコール量換算で1日20g以下としています。これは1日ビール500ml（日本酒1合弱、25度焼酎なら100ml、ワイン2杯程度）に相当します。1日の飲酒量がこの3倍以上は「多量飲酒者」で、健康への悪影響を及ぼし、アルコール依存症になるリスクも高まるとしています。

薬物依存症

薬物依存症には、乱用、依存、中毒、離脱などの症状があります。

乱用	繰り返し使用することで社会的役割や義務を果たせなくなる、身体的危険のある状況で反復使用する、不法行為を何度も引き起こす、問題が生じているのに使用を続ける
依存	耐性や離脱症状が認められる、大量に長期間使用する、止めたくても止められない、クスリを得るための活動・使用・作用からの回復に費やされる時間が大きい、社会的活動の制約、心身に悪いとわかっているのに使用を続ける
中毒	使用することで、特異的な症候群が発現する、著しい不適応行動や心理的変化がみられる
離脱	大量・長期間にわたる使用を中止したことで、特異的な症候群が発現する、著しい苦痛や社会的機能の障害を引き起こす

統合失調症

統合失調症とは

　思考や感情などの心の働きのまとまり（統合）のバランスが崩れ（失調）、思考や感情、行動、興味や関心、対人関係などに障害が生じます。以前は、「精神分裂病」と呼ばれていましたが、「精神」そのものが「分裂」するわけではないので、差別や偏見を生じやすい病名から、医学的により正確な病名である「統合失調症」に変更されました。

　特徴的な症状として、**幻覚**と**妄想**があります。

　幻覚では、「悪口を言われている」「命令されている」など、幻聴が多くみられます。声の主は、知り合いから歴史上の人物までさまざまで、聞こえ方も、話しかけてくるだけでなく、テレパシーや電波に乗って聞こえてくると訴えるなどさまざまです。

　妄想では、嫌がらせをされている、見張られているなど、被害妄想が多くみられます。また、関係がないものを関係があると確信する関係妄想などもみられます。

　一般に、**病識（自分が病気であるという認識）がない**ことが多いです。

　統合失調症の原因は明らかではありません。素因や環境がからみ合って発症すると考えられています。統合失調症では、神経伝達物質のドーパミンの働きが過剰であることが関与していると考えられています。

　できるだけ早期に薬物療法を開始することが、病状の悪化や再発を防ぐといいます。

陽性症状と陰性症状

統合失調症の症状はさまざまですが、大きく、陽性症状と陰性症状があります。

陽性症状	幻聴、幻覚、妄想、自我障害（思考奪取、思考吹入、思考伝播、思考途絶、作為体験など）、思考障害（連合弛緩、滅裂思考など）など
陰性症状	感情鈍麻、感情の平板化、意欲低下、思考の貧困、自閉など

統合失調症の診断基準

統合失調症の特徴的症状
①妄想
②幻覚
③まとまりのない会話（頻繁な脱線、滅裂）
④ひどくまとまりのない、または、緊張病性の行動
⑤陰性症状（感情の平板化、思考の貧困、意欲の欠如）
上記の特徴的症状のうち2つ以上が、それぞれ1ヶ月間ほとんどいつも存在。①から③の少なくとも1つを含む
社会的・職業的機能の低下：障害のはじまり以降の期間の大部分で、仕事、対人関係、自己管理などの面で1つ以上の機能が、病前より著しく低下。期間：障害の持続的徴候が少なくとも6ヶ月間存在

統合失調症の病型

統合失調症は、大きく次の3タイプに分類されます。

破瓜型（解体型）	思考にまとまりを欠き、感情は平板化、自発性減少、陰性症状主体 思春期から青年期にはじまり、予後不良

緊張型	興奮や昏迷が周期的、交互的に繰り返される、激しい陽性症状主体 青年期に急激に発症、回復は早いが、再発することが多い
妄想型	妄想と幻覚の陽性症状が主体、妄想は被害妄想が中心で、経過とともに妄想が体系を形成 青年期から中年期にはじまることが多い

統合失調症の経過と留意点

統合失調症は、一般に、前兆期、急性期、消耗期、回復期という経過をたどります。

経過	特徴	留意点
前兆期	さまざまな症状が現れ始める	心身の不調や変化に気づき、早めに受診することが大切
急性期	幻覚・妄想など特徴的症状が現れる 日常生活や対人関係に障害が生じる	薬物療法と安静な環境が重要
消耗期 （休息期）	急性期の症状が治まり、消耗して疲れきった状態	不安定で、ちょっとした刺激で急性期の状態に戻りやすい 十分に休養し、焦らず、辛抱強く待つことが大切
回復期	社会とのかかわりを持とうとする	本人のペースで、少しずつできることを広げていく

統合失調症は、**再発することも多く**、幻覚や妄想などの症状が治まっても、一定期間、**服薬を継続すること**が重要です。社会復帰のために、**リハビリテーション**も重要です。

家族のかかわり方

統合失調症では、家族の感情表出が再発と関連していることが研究

で明らかにされています。家族の感情表出とは、本人に向けて家族が感情を表すことで、**強い感情表現が再発のリスクを高める**とされています。

批判的なことを言ったり、敵意を表したり、逆に、過保護で過干渉な対応が、再発率を高めるのです。

家族や身近な周りの人も、統合失調症についてよく理解し、病気を受け入れ、回復の過程をゆっくりと温かく見守ることが必要です。

Step1 さまざまなメンタル疾患への対応
理解度チェック

問題1 次の文章で適切なものには○を、間違っているものには×をつけなさい。

①強迫性障害で、何度も確かめないと気が済まない症状を、強迫観念という。[　]
②強迫性障害では、不合理とわかっているのにやめられない。[　]
③強迫性障害は、ストレスが原因で生じる。[　]
④高齢者の強迫性障害では、認知症との鑑別が必要である。[　]
⑤強迫性障害では、薬物療法は効果がない。[　]

問題2 高齢者のPTSDに関する次の文章で、最も適切なものを1つ選びなさい。

①外傷体験によって起こるストレスは若いときほど感じない。
②終わったことは仕方ないと、前向きになるよう励ますことが重要である。
③外傷体験に関係のある状況や場面、人物を避けるので、再体験は起こらない。
④4週間以上症状が持続している場合に、PTSDとなる。
⑤症状の出現の仕方は、体験した心的外傷によって類似する。

問題3 次の文章で適切なものには○を、間違っているものには×をつけなさい。

①アルコール依存症は、飲み始めると止められなくなる。[　]
②アルコール関連障害には、急性アルコール中毒、アルコール依存、アルコール離脱などの症状がある。[　]

③長期のアルコール摂取で、ビタミンB₁不足となる。[　]
④高齢者のアルコール依存症では、認知症を合併しやすい。[　]
⑤アルコール依存では、本人が依存症であると認めたがらない。[　]

問題4 統合失調症に関する次の文章で、最も適切なものを1つ選びなさい。

①統合失調症の幻覚では、幻視が多い。
②統合失調症は、病識がないことが多い。
③陽性症状の1つに、感情の平板化がある。
④破瓜型の統合失調症は、予後が良い。
⑤統合失調症の再発に、家族の感情表現は関与しない。

Step1 Check Answer

さまざまなメンタル疾患への対応
理解度チェック 解答と解説

問題1

① × 強迫性障害の症状には、強迫観念と強迫行為があり、強迫観念とは、鍵をかけたか心配になることで、何度も確かめないと気が済まないのは、強迫行為といいます。
② ○ 強迫観念や強迫行為は、不合理とわかっているのにやめられず、やめようとすると不安が生じます。
③ × ストレスそのものが原因で発症するとは考えられていませんが、ストレスが症状を悪化させる要因となることがあります。
④ ○ 認知症を発症している場合、認知症の症状として強迫行為がみられることがあります。
⑤ × 抗不安薬や抗うつ薬などの薬物療法が用いられます。

問題2

① × 災害などで生活環境が変わったり、持病がある場合など、大きなストレスとなります。
② × 良かれと思って励ますことが、症状を悪化させることもあるので注意が必要です。
③ × フラッシュバックといわれる心的外傷の再体験が起こります。
④ ○ 4週間以内の場合、急性ストレス障害といいます。
⑤ × 症状の出現の仕方は、体験した心的外傷によらず、個人差が大きいといえます。

問題3

① ○ 飲酒をコントロールすることが困難になります。
② ○ アルコール離脱では、一般的に、6～10時間後くらいから、発汗や手のふるえ、吐き気などの症状がはじまるといいます。
③ ○ 低栄養とビタミン B_1 不足で脳障害を起こすことがあります。

④ ○ 高齢者のアルコール依存症では、さまざまな合併症を引き起こすことが問題となります。
⑤ ○ 本人が病気であることを認めたがらないので、周囲のサポートが重要です。

問題 4
① × 統合失調症の幻覚は、幻聴が多いです。
② ○ 統合失調症では、自分が病気であるという認識がないことが多いです。
③ × 感情の平板化は、陰性症状の１つです。
④ × 破瓜型の統合失調症は思春期から青年期に発症することが多く、予後は不良です。
⑤ × 統合失調症では、家族の強い感情表現が再発リスクを高めることが明らかになっています。

Step 2 高齢者のメンタル疾患への対応

　高齢者は個人差が大きく、メンタル疾患を診断するのは困難な場合も多いです。

家族の存在

　どのようなメンタル疾患においても、家族の存在は非常に重要です。特に、認知症では家族の接し方や介護が本人の**QOL（生活の質）**に大きな影響を与えます。その他、重要なメンタル疾患を見てみると、統合失調症では、批判的すぎる家族、過干渉な家族のもとでは、再発率が高まることが知られています。単身生活者や離婚した人の自殺は、そうではない人の3倍となっています。アルコール依存症では、家族、特に配偶者の対応が重要であり、対応がまずいとかえって病状を悪化させることになりかねません。

　メンタル疾患を抱えた人にとって、**家族はとても重要な存在**なのです。メンタルヘルスの専門家は、最初に必ず、家族状況がどうなっているか、メンタル疾患に対する理解はあるか、家族の中で誰がキーパーソンとなっているか等々について、把握するようにしています。

家族の理解

　家族は本人と最も身近な存在であるがゆえにうまく接することができないということが往々にしてあります。客観的にメンタル疾患を捉えられなかったり、自分の感情が先行してしまったりすることも多くあります。たとえば、認知症では知的な面を中心として、徐々に本人

らしさが失われていきますが、それを受け入れられずに、間違ったことを言うと何度も正そうとしたり、言い合いになったりしがちです。もし、本人の病状を理解していれば、本人と議論してもあまり意味のないことに気づき、もっと本人とわかり合えるようなコミュニケーションがとれるでしょう。**病状を理解したうえで対応する**ことで、本人は感情的に安定し、メンタル疾患にも良い影響を与えるのです。

高齢者ケアの視点

　高齢者には高齢者特有の乗り越えるべき心理的・精神的課題があります。高齢者では、メンタル疾患は典型的な症状を示さないために、診断が難しいこともよくあります。また、メンタル疾患の治り方も個人差が大きくなってきます。身体的な機能は加齢によって大きく変化し、同時にさまざまな身体疾患を合併するようになります。

　各メンタル疾患について、特に**高齢者をケアするという視点**から、そのメンタル疾患がどうかかわってくるかについても見ていきます。いろいろなメンタル疾患の知識を身につけると同時に、以上に述べたような高齢者の特徴をよく理解するよう心がけながら学びを進めて、現場で生かせる知識として身につけてください。

認知症

認知症とは

　認知症とは、いったん発達した知的機能が低下して、社会生活や職業生活に支障をきたすまで低下した状態をいいます。**後天性の進行性疾患**で、一般に、**症状は不可逆的**です。

　65歳以上で発症する老年期認知症では、アルツハイマー型認知症と脳血管性認知症が多くを占めていますが、認知症症状を呈する疾患は数多くあります。

　65歳未満で発症した認知症を、若年性認知症といい、アルツハイマー病が多いといわれています。

　外傷性疾患や代謝性疾患、正常圧水頭症などは、原因となる疾患の治療を行うことで、改善が可能なものもあります。変性疾患のように原因不明のものは、治療法も確立しておらず、改善は困難です。

認知症の症状

　認知症の症状には、必ずみられる**中核症状**と、それに伴う**周辺症状**があります。

中核症状		記憶障害、見当識障害、理解・判断力の低下、実行機能障害など
周辺症状 BPSD（認知症の行動・心理症状）	行動症状	暴力、暴言、徘徊、拒絶、不潔行為など
	心理症状	抑うつ、不安、幻覚、妄想、睡眠障害など

代表的な認知症の特徴

アルツハイマー型認知症	記憶障害が顕著。時間、場所、人物と見当識障害が進行
脳血管性認知症	まだら認知症（知的機能の低下にむらがある） 情動失禁（感情のコントロールが上手くできない）
前頭側頭型認知症 （ピック病）	初期には記憶障害よりも人格の変化、言動の異常が目立つ 反社会的行動（万引きをしてつかまったらピック病であったというケースもある）
レビー小体型認知症	「子どもが部屋に入ってきた」などリアルな幻視 パーキンソン症状

せん妄と認知症

　せん妄とは、**一過性の意識障害**です。認知症と比較して、急激に発症し、幻覚、妄想、不安、興奮などの症状を伴います。夜間に悪化することが多く、夜間せん妄といわれます。症状は、2～3日から1週間程度で改善することが多いです。

　アルツハイマー型認知症の周辺症状として、せん妄を伴うことが多いです。

認知症の評価表

　認知症の有無やその程度を知る目的で実施されるテストには、質問式のものと観察式のものがあります。ただし、これらのテストの結果だけで認知症と診断することはできません。

質問式	改訂長谷川式簡易知能評価スケール	主として、記憶の検査 年齢、今日の日付、場所を覚える、簡単な計算、数字の逆唱、品物を覚える、野菜の名前を答えるなど、9項目の質問に答える 30点満点、20点以下で認知症の疑い
	MMSE（ミニ・メンタル・ステイト検査）	動作性課題を含む検査 今日の日付、場所、言葉を覚える、簡単な計算、物の名前を答える、聞いた文章の復唱、言われた動作を行う、言葉を読んで動作を行う、文章を書く、図形を描くなど、11項目の質問に答える 30点満点、23点以下で認知症の疑い
観察式	柄澤式老人知能の臨床的判定基準	日常生活における言動、態度、作業能力などから知能レベルの大まかな段階づけ評価を行う

また、アルツハイマー型認知症の分類法に、FASTがあります。

正常	主観的にも客観的にも機能の低下はみられない
年齢相応	ものの置き忘れを訴えたり、ものの名前が出てこないなど
境界状態	熟練を要する仕事の場面で機能低下が認められたり、新しい場所に旅行することが困難
軽度	家計の管理や買物にも支障を来す
中等度	介助なしでは適切な衣服を選んで着ることができないが、排泄は自立している
やや高度	不適切な着衣や入浴に介助を要したり、入浴を嫌がったり、排泄が自立できなくなったりする
高度	言語機能の低下、歩行能力・座位保持能力の喪失など、非常に高度な認知機能低下

認知症高齢者の日常生活自立度判定基準

　認知症と診断された高齢者に対して、介護の必要度を客観的に短期的に判定することを目的としています。

ランク	基準
Ⅰ	何らかの認知症を有するが、日常生活は家庭内および社会的にほぼ自立している状態
Ⅱ	日常生活に支障をきたすような症状・行動や意思疎通の困難さが多少見られても、誰かが注意していれば自立できる状態
Ⅲ	日常生活に支障をきたすような症状・行動や意思疎通の困難さが見られ、介護を必要とする状態
Ⅳ	日常生活に支障をきたすような症状・行動や意思疎通の困難さが頻繁に見られ、常に介護を必要とする状態
M	著しい精神症状や周辺症状あるいは重篤な身体疾患が見られ、専門医療を必要とする状態

認知症高齢者への対応

　記憶障害が進んだり、判断力が低下していても、感情やプライドは残っているということをよく理解し、**人格を尊重した対応**が求められます。失敗したり不適切な行動がみられたときも、叱責したり、訂正させたりするのではなく、自尊心を傷つけないように、受容的にかかわります。妄想は否定しても訂正されません。また、徘徊には本人なりの目的や理由があると理解し、対応します。無理に連れ戻したり、行動を制限することは適切ではありません。新しいことを覚えたり、新しい環境に適応することが困難になるので、慣れ親しんだものを活用して心理的安定を図るようにします。適度な刺激で日常生活を活性化させ、孤立を防ぐことも大切です。

バリデーション

　アメリカのソーシャルワーカーであるナオミ・フェイルが開発した認知症の高齢者に対する**コミュニケーションの手法**です。
　バリデーションは本来、「確認」「承認」「批准」という意味ですが、この場合には「認知症高齢者の言うことや行動を否定しないで、あり

のままを認めて受け入れること」という意味で使われています。

回想法

　アメリカの精神科医ロバート・バトラーが、「**高齢者の人生の歴史に敬意を持って耳を傾けること**」を基本として考え出した高齢者のための精神療法です。思い出の品や写真などを見せてもらいながら、高齢者の過去の話をゆったりと聴きます。
　認知症高齢者には、情動機能の回復、意欲の向上、問題行動の軽減などに効果があるといわれています。

認知症の予防

　認知症を予防するためには、その前段階とされる「**軽度認知機能障害**」（MCI）の時期で認知機能低下を抑制する方法が現時点では最も効果的であると考えられています。
　ウォーキングやフィットネス等の適切な運動、多様なポリフェノール、DHAやEPA等を含む食品の摂取などが有効とされています。

高齢者の睡眠障害

睡眠時間と睡眠障害

　睡眠時間には個人差があるため、何時間しか眠れないから不眠症であると一概に言うことはできません。日常生活に支障をきたすような眠気や疲労感がなければ、睡眠時間が短くても不眠症とはいえません。反対に、睡眠時間が長いのに、日中に居眠りや集中力の低下があれば、何らかの睡眠障害が疑われます。

　年齢を重ねると、誰でも睡眠時間が減少していきます。深い睡眠が減り、浅い睡眠が増えて、**中途覚醒**や**早朝覚醒**も多くなります。高齢者はしばしば**不眠**を訴えますが、実際には日中の活動には支障をきたしていないことが多いです。

不眠

　環境、身体的、精神的、習慣などさまざまな要因で不眠は生じます。

不眠	入眠障害	30分～1時間以上寝付けない
	中途覚醒	夜中に何度も目が覚める
	早朝覚醒	朝、時間より早く目覚めてしまって眠れない
	熟民障害	睡眠時間のわりに、熟睡したという満足感が得られない

その他の睡眠障害

過眠	ナルコレプシー	日中に突然強い眠気が出現する 睡眠発作、脱力発作、入眠時幻覚、睡眠麻痺
睡眠時呼吸障害	睡眠時無呼吸症候群	睡眠中に何度も呼吸が止まる、肥満の人に多い
その他	レストレスレッグス症候群（むずむず脚症候群）	横になったり座ったり、じっとしているときに脚にむずむず感、不快感がある 原因不明で中高年の女性に多い
	周期性四肢運動障害	睡眠中にくりかえし脚や手がびくつく
	睡眠時随伴症	睡眠時に起こる好ましくない現象 睡眠時遊行症（夢遊病）、夜驚症、悪夢、夜尿症など

健康づくりのための睡眠指針2014 〜睡眠12箇条〜

新たな科学的知見に基づいて指針の改定が行われました。

①良い睡眠で、身体も心も健康に。
②適度な運動、しっかり朝食、ねむりとめざめのメリハリを。
③良い睡眠は、生活習慣病予防につながります。
④睡眠による休養感は、心の健康に重要です。
⑤年齢や季節に応じて、ひるまの眠気で困らない程度の睡眠を。
⑥良い睡眠のためには、環境づくりも重要です。
⑦若年世代は夜更かし避けて、体内時計のリズムを保つ。
⑧勤労世代の疲労回復・能率アップに、毎日十分な睡眠を。
⑨熟年世代は朝晩メリハリ、ひるまに適度な運動で良い睡眠。
⑩眠くなってから寝床に入り、起きる時刻は遅らせない。
⑪いつもと違う睡眠には、要注意。
⑫眠れない、その苦しみをかかえずに、専門家に相談を。

「睡眠12箇条の解説」より

○第９条．熟年世代は朝晩メリハリ、ひるまに適度な運動で良い睡眠。

> 寝床で長く過ごしすぎると熟睡感が減る
> 年齢にあった睡眠時間を大きく超えない習慣を
> 適度な運動は睡眠を促進

　健康に資する睡眠時間や睡眠パターンは、年齢によって大きく異なります。高齢になると、若年期と比べて必要な睡眠時間が短くなります。具体的には、20歳代に比べて、65歳では必要な睡眠時間が約1時間少なくなると考えられています。したがって、年齢相応の適切な睡眠時間を目標に、就寝時刻と起床時刻を見直し、寝床で過ごす時間を、適正化することが大切です。長い時間眠ろうと、寝床で過ごす時間を必要以上に長くすると、かえって睡眠が浅くなり、夜中に目覚めやすくなり、結果として熟睡感が得られません。適切な睡眠時間を確保できているかを評価する上では、日中しっかり目覚めて過ごせているかも1つの目安になります。

　日中に長い時間眠るような習慣は、昼夜の活動・休息のメリハリをなくすことにつながり、夜間の睡眠が浅く不安定になりがちです。一方で、日中に適度な運動を行うことは、昼間の覚醒の度合いを維持・向上させ、睡眠と覚醒のリズムにメリハリをつけることに役立ち、主に中途覚醒の減少をもたらし、睡眠を安定させ、結果的に熟睡感の向上につながると考えられます。

　また、運動は、睡眠への恩恵のみならず、加齢により低下する日常生活動作（ADL）の維持・向上や、生活習慣病の予防にも寄与します。ただし、過剰な強度の運動はかえって睡眠を妨げ、けがなどの発生に

もつながる可能性があるため、まずは無理をしない程度の軽い運動から始めることがいいでしょう。

○第10条. 眠くなってから寝床に入り、起きる時刻は遅らせない。

> 眠たくなってから寝床に就く、就床時刻にこだわりすぎない
> 眠ろうとする意気込みが頭を冴えさせ寝つきを悪くする
> 眠りが浅いときは、むしろ積極的に遅寝・早起きに

　眠たくないのに無理に眠ろうとすると、かえって緊張を高め、眠りへの移行を妨げます。自分に合った方法で心身ともにリラックスして、眠たくなってから寝床に就くようにすることが重要です。特に、不眠を経験し「今晩は眠れるだろうか」という心配を持ち始めると、このことによって緊張が助長され、さらに目がさえて眠れなくなってしまいます。つまり、不眠のことを心配することで不眠が悪化するのです。こうした場合、いったん寝床を出て、リラックスできる音楽などで気分転換し、眠気を覚えてから、再度、寝床に就くようにするとよいでしょう。寝床に入る時刻が遅れても、朝起きる時刻は遅らせず、できるだけ一定に保ちましょう。朝の一定時刻に起床し、太陽光を取り入れることで、入眠時刻は徐々に安定していきます。

　眠りが浅く何度も夜中に目が覚めてしまう場合は、寝床で過ごす時間が長すぎる可能性が考えられます。身体が必要とする睡眠時間は、成人の目安としては、6時間以上8時間未満であり、このくらいの睡眠時間の人が最も健康だということがわかっています。必要以上に長く寝床で過ごしていると、徐々に眠りが浅くなり、夜中に目覚めるようになります。特に退職後に、時間にゆとりができた場合など、生活の変化がきっかけとなって、必要以上に長く寝床で過ごしてしまうことがあります。また、不眠でよく眠れないことを補おうとして、寝床で

長く過ごすようになる人もいますが、必要以上に長く寝床で過ごしていると、さらに眠りが浅くなり、夜中に何度も目覚めるようになります。対処としては、積極的に遅寝・早起きにして、寝床で過ごす時間を適正化することが大事です。

高齢者のうつ病

うつ病とは

　憂うつな気分になったり、気分が落ち込んだりすることは、日常的に誰でも経験があるでしょう。「うつ」や「うつ状態」という言葉も、日常的に使われています。うつ状態＝うつ病ではありません。うつ状態は、通常、時間が経つと自然に回復していきます。うつ状態が1日中続き、時間の経過とともに回復しなかったり、あるいは悪化したり、その他、いくつかの基準にあてはまった場合に、うつ病であると診断されます。

　うつ病というのは、**気分がひどく落ち込んだり**何事にも興味を持てなくなったり、おっくうだったり、何となくだるかったりして強い苦痛を感じ、**日常の生活に支障が現れるまでになった状態**といえます。

　ただし、他の精神疾患でもうつ病と同じような症状がみられるものもあり、うつ病が見逃されたり、他の病気がうつ病と診断されたり、うつ病を正確に診断することは難しいといいます。

　最近では、新型うつ病や現代型うつ病などと呼ばれ、これまでのうつ病の典型的な症状がみられないうつ病もみられるようになっているといいます。

うつ病の発症

　うつ病を発症させるきっかけ（誘因）として、大切な人との死別・離別、失業や社会的役割、財産など大切なものを失う、病気になるなど、さまざまな喪失体験があげられます。転居や結婚、異動、昇格な

ど環境上の変化が誘因となることもあります。発症前に環境を戻しても、うつ病は**改善しません**。

　うつ病の原因は明らかになっていませんが、男性より女性に多いといわれます。性格的には、几帳面、凝り性、責任感が強い、献身的などがうつ病になりやすいとして指摘されています。うつ病では、脳内の神経伝達物質であるセロトニンやノルアドレナリンの働きが悪くなっていると推測されています。

高齢者のうつ病

　高齢者のうつ病では、典型的な症状がそろって現れず、症状の一部がとくに強く現れたり、逆に一部が弱くなったりしていることが多いので注意が必要です。抑うつ気分が目立たない、意欲や集中力の低下、精神運動遅延が目立つ、**心気的な訴えが多い**、**不安や焦燥感が強い**、などの特徴がみられるといいます。

うつ病の症状・サイン

　うつ病に表れるさまざまなサインに早めに気づくことが、早期発見・早期治療につながります。注意すべき点は、日常生活において、いつもと違う状態が続き、本人か周囲の人の生活に支障が出てくる、ということです。

精神面のサイン	抑うつ気分、不安感、焦燥感、意欲の低下、集中力の低下、孤独感、絶望感、罪悪感など
身体面のサイン	倦怠感、疲れやすい、睡眠障害、食欲低下、頭痛、肩こり、めまい、動悸、便秘、下痢など

行動面のサイン（周囲が気づく）	口数が減った、否定的な発言が増えた、遅刻・休みが増えた、ミスが増えた、表情が暗い、身体症状を訴える、趣味をしなくなる、外出しない、交流を避ける、飲酒量が増えたなど

　身体症状が前面に表れ、抑うつ気分が目立たなくなる状態は、うつ症状が身体症状の仮面に隠れているという意味で「**仮面うつ病**」と呼ばれます。

　うつ病の症状は、一般に朝に悪化し、午後から夜にかけて徐々に改善するという日内変動が見られることがよくあります。

うつ病の治療と対応

　うつ病の治療は、一般的に、薬物療法、休養、心理療法で行われます。原因を追及せず、回復を焦らず、十分な休養を取ることが重要です。心身ともにリラックスできる環境をつくり、重大な決定は、できるだけ先延ばしにするようにします。

　うつ病は、意欲やエネルギーが欠乏している状態なので、「がんばれ」の励ましは、「これ以上がんばれない」と逆効果となってしまうことも多いです。旅行や友だちとの交流など、普段なら気晴らしになる活動も、負担となり症状を悪化させてしまうこともあり、注意が必要です。疲れたら、すぐに休養を促し、様子をみます。

　うつ病の症状に、死への思いがあります。症状がよくなってくると、自殺を実行してしまう危険性が高まるので、**回復期**は特に注意が必要です。

介護予防におけるうつ対策

　「介護予防マニュアル改訂版 第8章うつ予防支援マニュアル」（介護

予防マニュアル改訂委員会 平成24年3月）より。

- 地域全体への普及・啓発を行い、地域住民自らがうつに関する正しい知識を持ち、ストレスに適切に対処できるように支援する。
- うつは気づきにくい、気づかれにくいことから、健診（検診）や健康教育、家庭訪問等のあらゆる機会を活用して、アセスメントを行い、うつ傾向にある高齢者を早期発見し早めに相談や経過観察、受診勧奨等を行うことにより重症化を予防するようにする。
- 強いストレス状態、うつ状態又はうつ傾向にある高齢者に対し、家族、地域住民、民生委員、食生活改善推進員等の関係者、ケアに携わる専門職が、声かけ、見守り、相談、医療機関との連携、服薬指導等のさまざまなアプローチを正しく行うことができるようにする。
- 地域のさまざまな保健医療福祉サービス資源の機能を理解し、調整を図りながら、適切な対応を行えるようにする。

一次予防	・うつに対する正しい知識の普及啓発を実施する ・高齢者の生きがいや孤立予防につながる活動を行い、主体的な健康増進とうつ予防をめざす ・心の健康問題に関する相談、うつのスクリーニング及び受診体制を整備する
二次予防	・基本チェックリスト等を用いて、うつのアセスメントを行う ・うつの可能性が疑われた高齢者に、「心の健康相談」を勧める
三次予防	・病気によって残った障害を最小限にし、その制約のもとで充実した生き方ができるように支援する

うつチェック図

基本チェックリストに含まれる うつ に関する質問項目

最近2週間のあなたのご様子についてお伺いします。次の質問を読んで、最近2週間以上続いている場合には「はい」、続いていない場合には「いいえ」として、当てはまる方に○印をつけてください。

1	毎日の生活に充実感がない	1．はい	2．いいえ
2	これまで楽しんでやれていたことが楽しくなくなった	1．はい	2．いいえ
3	以前は楽にできていたことが今ではおっくうに感じられる	1．はい	2．いいえ
4	自分は役に立つ人間だとは思えない	1．はい	2．いいえ
5	わけもなく疲れたような感じがする	1．はい	2．いいえ

うつに関する項目において、
「1．はい」が2項目以上ある場合

介入対象者の抽出／二次アセスメント

第1段階：症状の有無を評価する

① 抑うつ気分、②興味・喜びの消失、③生活リズムの障害、④自殺念慮の有無、について評価します。

① 抑うつ気分：「ひどく気分が沈み込んで、憂うつになっているということはありませんか？」
② 興味・喜びの消失：「生活が楽しめなくなっているということはありませんか？」
③ 生活リズムの障害：「眠れなくなったり、食欲が落ちたりして、生活のリズムが乱れていることはありませんか？」
④ 自殺念慮の有無：「つらくて死にたいという気持ちになっていませんか？」

①～④のいずれかの症状が1つ以上ある場合

第2段階：日常活動の支障の程度を評価する

「今お話いただいた症状のために、ひどくつらくなったり、日常生活に支障が出たりしていませんか？」等と質問して、症状のためにどの程度の支障が出ているかを評価します。

支障がある場合	支障がない場合
医療機関への受診を勧める	経過観察（本人の許可を得た上で、1ヶ月後に訪問して状態をチェックする）

第3段階：キーパーソンを特定

「困ったことがある時には、どなたに相談しますか？」と尋ね、キーパーソンを特定します。

キーパーソンがいない場合	キーパーソンがいる場合
本人とよく相談して、民生委員など地域の協力者をさがす。キーパーソンや協力者と連携しながら、その後の経過をフォローする。	本人の許可を得た上で、キーパーソンの協力を仰ぐ。

高齢者の自殺

高齢者の自殺の現状

　我が国の自殺者数は、平成10年以降、14年間連続して3万人を超える状態が続いていましたが、平成24年に15年ぶりに3万人を下回り、3年連続で3万人を下回っています。

　平成10年以降の自殺者数の推移を年齢階級別にみると、65〜74歳の階級は横ばいで、75歳以上の階級は、10年の際にもあまり急増せず、一貫してなだらかに増加しています。

　原因・動機別の状況では、「60歳代」「70歳代」の自殺は、「**健康問題**」が多くなっています。

高齢者の自殺についての意識

　内閣府が行った「自殺対策に関する意識調査」結果から、高齢者の自殺についての意識をみてみましょう。
　「生死は最終的に本人の判断に任せるべきである」について、男性も女性も60歳代までは年代が若いほど『そう思う』と答える者の割合が高くなっていますが、中でも女性は20歳代では5割を超えているのに対し、60歳代及び70歳以上では2割に満たないと年代によって差が大きくなっています。
　「自殺する人は、直前まで実行するかやめるか気持ちが揺れ動いている」について、『そう思う』と答えた者は全体で6割を超えていますが、年齢別に見ると70歳以上で他の年代よりも10％程度低くなっています。

「自殺は繰り返されるので、周囲の人が止めることはできない」について、『そう思わない』と答えた者は全体で6割を超えていますが。年齢別に見ると70歳以上で『そう思わない』が約3割と低くなっています。

高齢者では、自殺に対して、**あきらめの気持ちがやや強い**といえそうです。

高齢者の自殺のサインに対する対応

内閣府が行った「自殺対策に関する意識調査」結果によると、身近な人から「死にたい」と言われたときの対応について、20～60歳代で「ひたすら耳を傾けて聞く」が最も高くなっているのに対し、70歳以上では「『がんばって生きよう』と励ます」が最も高くなっています。

また、身近な人の「うつ病のサイン」に気づいたとき、自分自身の「うつ病のサイン」に気づいたとき、精神科の病院へ相談することを「勧める」、精神科の病院へ相談しに行こうと「思う」と答えた者の割合は、70歳以上で高くなっています。

自分がうつになった場合、どのような支障が生じると思うかについては、いずれの年代でも「家族や友人に迷惑をかける」と答えた者の割合が最も高いですが、60歳代及び70歳以上では、2番目に割合が高いのは「1人で何とかするしかない」で、3番目以降にあげられる選択肢の割合が低くなっています。

「死にたい」に対して励ましたり、「1人で何とかするしかない」と抱え込んだりしてしまう高齢者が多いということを心に留めて、そうした誤った**認識の修正**も含めて対応していく必要があるでしょう。

高齢者の自殺の特徴

　高齢者の自殺既遂者、未遂者の特徴として、1）衰えによる身体的不調や身体疾患への罹患、2）死別や離職などさまざまな喪失体験、3）個人的な悩み、4）家族と同居していながら相談できない、5）サポート者が少ない、6）孤独な状況、などがあげられるといいます。

　高齢者は個人的な苦悩体験を抱え、身体的な衰えや身体疾患が存在し、また、うつ病への罹患もあり、周囲に家族がいるにもかかわらず、心理的孤立の状況に陥っている場合もあります。高齢者の自殺には自殺の**防御因子が乏しい**という深刻な状況にあるといいます。

ゲートキーパーの役割

　ストレスを溜めすぎたり、心の不調が長く続くと、日常生活にも支障をきたしてしまいます。心の病気にかかってしまうこともあります。心の病気が自殺という最悪の結果を招いてしまうこともあります。

　ストレスや悩みを抱え込んでしまっている人や、心の病気にかかっていることに気づいていない人、心の不調に気づいていても病気だと自覚していない人に対しては、身近な周囲の人がちょっとした変化にも気づき、**早期に手を差し伸べる**ことが重要です。

気づき	家族や友人の変化に気づいて声をかける
傾聴	本人の気持ちを尊重して、話にじっくりと耳を傾ける
つなぎ	早めに専門の機関に相談するよう促す
見守り	寄り添いながら、温かくじっくりと見守る

　ゲートキーパーは、自殺対策に重要な役割を果たします。ゲートキーパーは、医療や福祉の専門家だけでなく、身近な大切な人のために、誰でも、その役割を果たすことができます。

心の支援「りはあさる」

　メンタルヘルス・ファーストエイドによる支援では、悩みを抱えている人など、心の健康に問題を抱えている人への初期支援として、「りはあさる」をあげています。

り	リスク評価	自殺のリスクについて評価します 「死にたいと思っていますか」とはっきりと尋ねてみることが大切です
は	判断・批評せずに聴く	責めたり、弱い人だと決めつけたりしないで、どんな気持ちなのか耳を傾けて聴きます
あ	安心・情報を与える	弱さや性格の問題でなく、支援が必要な状態であること、適切な支援で状況がよくなる可能性があることを伝えます
さ	サポートを得るように勧める	専門機関に相談することを勧めます その際、説得することは適切ではありません
る	セルフケア	リラクゼーション法を実施したり、身近な人に相談したり、自分なりの対処法を試してみることなどを勧めます

ゲートキーパーとしての心得

　ゲートキーパーとして、声かけを行い、相手とかかわるときは、次のような点に注意します。

- **自ら相手とかかわるための心の準備を行う**：日頃からの準備やスキルアップ、ゲートキーパー自身の健康管理、悩み相談も大切である
- **温かみのある対応をする**：話をしてくれたこと、悩みを打ち明けてくれたことや、これまでの苦労に対してねぎらいの言葉をかける
- **心配していることを伝える**：一緒に悩み、考えることが支援となる
- **相談にのって困ったときのつなぎ先（相談窓口等）を知っておく**

Step2 高齢者のメンタル疾患への対応
理解度チェック

問題1　認知症に関する次の文章で、最も適切なものを1つ選びなさい。

①認知症の症状は改善できない。
②認知症では、徘徊が必ずみられる。
③前頭側頭型認知症では、初期から人格の変化がみられる。
④MMSEは観察式の認知症スケールである。
⑤回想法では、正確に思い出すことが大切である。

問題2　睡眠に関する次の文章で、最も適切なものを1つ選びなさい。

①夜中に何度も目が覚める睡眠障害を、入眠障害という。
②睡眠時無呼吸症候群は、やせの人に多い。
③レストレスレッグス症候群は、不眠の原因となる。
④高齢になると、若年期と比べて睡眠時間は長くなる。
⑤日中に、昼寝をするとよい。

問題3　高齢者のうつ病に関する次の文章で、最も適切なものを1つ選びなさい。

①うつ病は、発症前の環境に戻せば、症状は改善する。
②高齢者のうつ病では、抑うつ気分が目立たないことが多い。
③表情が乏しくなるうつ病を、仮面うつ病という。
④うつ病の症状は、夜に悪化する。
⑤うつ病では、励ましてやる気を出させることが大切である。

問題4 次の文章で適切なものには○を、間違っているものには×をつけなさい。

① 自殺者の数は、減少傾向にある。[　]
② 高齢者は自殺に対して、あきらめの気持ちがやや強い。[　]
③ 高齢者の自殺の特徴として、身体的不調や身体疾患への罹患が存在する。[　]
④ ゲートキーパーは、医療や福祉の専門職である。[　]
⑤ 「死にたい」と言われたときは、「頑張って生きよう」と励ますことが高齢者には特に有効である。[　]

Step2 Check Answer

高齢者のメンタル疾患への対応
理解度チェック 解答と解説

問題1

① × 正常圧水頭症や慢性硬膜下血腫などは、原因となる疾患の治療を行うことで、認知症の症状も改善できます。

② × 徘徊はBPSDと呼ばれる周辺症状で、認知症に必ず伴うものではありません。

③ ○ 前頭側頭型認知症は、人格の変化、言動の異常、反社会的行動などが特徴的にみられます。

④ × MMSEは質問式の認知症スケールです。

⑤ × 内容の正確さよりも、語ることで自尊感情が高まり、意欲が向上することなどが期待されます。

問題2

① × 夜中に何度も目が覚めるのは、中途覚醒といいます。

② × 睡眠時無呼吸症候群は、肥満の人に多いといえます。

③ ○ レストレスレッグス症候群は、横になったりじっとしているときに、脚にむずむず感や不快感が生じます。

④ × 高齢になると、睡眠時間は短くなっていきます。

⑤ × 昼寝をしてしまうと、夜間に眠れなくなってしまうので、日中は適度な運動を行うようにします。

問題3

① × 発症前の環境に戻しても、うつ病は改善しません。

② ○ 不安や焦燥感が目立ち、抑うつ気分が目立たないことが多いです。

③ × 仮面うつ病とは、身体症状が前面に表れ、抑うつ気分が目立たなくなるうつ病をいいます。

④ × うつ病は、一般に、朝に悪化し、午後から夜にかけて徐々に改

善する日内変動がみられます。
⑤ × うつ病では、励ましは厳禁です。

問題4
① ○ 14年連続で3万人を超える状態が続いていましたが、近年は3万人を下回って、減少傾向にあります。
② ○ 「自殺は繰り返されるので、周囲の人が止めることはできない」に対して、「そう思わない」と回答した割合が、高齢者では低くなっています。
③ ○ 高齢者の自殺には、自殺の防御因子が乏しいという深刻な状況にあります。
④ × ゲートキーパーは、気づき、声をかけ、話を聞き、適切な支援に結びつけ、見守る人であり、身近な大切な人のために、誰でも、その役割を果たすことができます。
⑤ × 励ますのではなく、ひたすら耳を傾けて話を聴き、寄り添います。

◆監修者◆
厚生労働省認可法人 財団法人 職業技能振興会
1948年6月、個人の自立・自活による国内経済の回復を図るため、当時の労働省（現厚生労働省）の認可団体として設立された。現在、社会・経済・労働など多様化する環境の変化に機敏に対応し、社会的ニーズの大きい情報技術・教育・医療・環境分野をはじめ、時代に即応した技術者および資格者の養成に事業活動の分野を展開している。

◆著者◆
一般社団法人 クオリティ・オブ・ライフ支援振興会
財団法人職業技能振興会が認定する「ケアストレスカウンセラー」の公式テキストの制作に携わる他、医療・福祉系の資格取得を目指す人をサポートし、著作多数。理事長の渡辺照子は、心理カウンセラーとして厚生労働省社会保障審議会推薦の「絆〜ママへのラブソング」を作詞。「絆〜ママへのラブソング」ストーリーブックとして『絆』をアスペクト社より出版。学校、地方自治体などで講演多数。

ケアストレスカウンセラー資格試験 問い合わせ先

財団法人 職業技能振興会
〒151-0051 東京都渋谷区千駄ヶ谷5-16-6　パレ・ジュノ3階
TEL：03-3353-9181　FAX：03-3353-9182
Email:office@fos.or.jp
（土曜・日曜・祝祭日を除く 10：00〜18：00）

視覚障害その他の理由で活字のままでこの本を利用出来ない人のために、営利を目的とする場合を除き「録音図書」「点字図書」「拡大図書」等の製作をすることを認めます。その際は著作権者、または、出版社までご連絡ください。

高齢者ケアストレスカウンセラー公式テキスト

2016年5月20日　初版発行

監修者　厚生労働省認可法人　財団法人　職業技能振興会
著　者　一般社団法人 クオリティ・オブ・ライフ支援振興会
発行者　野村直克
発行所　総合法令出版株式会社
　　　　〒103-0001 東京都中央区日本橋小伝馬町 15-18
　　　　ユニゾ小伝馬町ビル 9F
　　　　電話　03-5623-5121
印刷・製本　中央精版印刷株式会社

ISBN978-4-86280-505-8
Ⓒ Quality of Life Institute of Japan 2016
Printed in Japan
乱丁・落丁本はお取り替えいたします。
総合法令出版ホームページ　http://www.horei.com/

ケアストレスカウンセラー公式テキスト

青少年
ケアストレスカウンセラー公式テキスト

厚生労働省認可法人 財団法人 職業技能振興会 監修 | 定価 2,000 円＋税

子どものストレスと向き合う資格！
ケアストレスカウンセラーは厚生労働省認可の財団法人「職業技能振興会」が認定している、心理カウンセラーの資格です。その種類は、「青少年ケアストレスカウンセラー」「企業中間管理職ケアストレスカウンセラー」「高齢者ケアストレスカウンラー」と大きく３つに分けられます。「青少年ケアストレスカウンセラー」は、教師など教育現場で働いている人や、塾や習い事教室の講師など、普段から青少年に接する職業の人に役立つ資格です。また、子どものいる家庭での実生活でも役立ちます。

ケアストレスカウンセラー公式テキスト

企業中間管理職
ケアストレスカウンセラー公式テキスト

厚生労働省認可法人 財団法人 職業技能振興会 監修　｜　定価 2,000 円＋税

働く世代のストレスと向き合う資格！
ケアストレスカウンセラーは厚生労働省認可の財団法人「職業技能振興会」が認定している、心理カウンセラーの資格です。その種類は、「青少年ケアストレスカウンセラー」「企業中間管理職ケアストレスカウンセラー」「高齢者ケアストレスカウンラー」と大きく3つに分けられます。日本の企業社会において、最も多くのストレスを抱えるのが中間管理職といわれています。厳しい職場で蓄積した中間管理職のストレス、精神衛生問題を扱うのが、企業中間管理職ケアストレスカウンセラーです。